ABC der Tiere

Spracharbeitsheft 2

Teil A

Kompakt

Herausgegeben von
Klaus Kuhn

Neu erarbeitet von
Mareike Hahn, Klaus Kuhn, Kerstin Mrowka-Nienstedt

Illustriert von
Bogumila und Frank Bayer, Katrin Kerbusch u. a.

Name: ____________________

Klasse: ____________________

Mildenberger

Inhalt — Teil A

Wieder in der Schule

Rund um das Abc

Im Wald und auf dem Feld

Bei uns und anderswo

Durch das Jahr

Wir – Du – Ich: Kennst du mich?

Inhalt — Teil B

Märchenhafte Welten

Natur erleben und entdecken

● Sprechen und Zuhören ● Schreiben ● Richtig schreiben ● Lesen – mit Texten und Medien umgehen ● Sprache und Sprachgebrauch untersuchen

Inhalt

Die Symbole bedeuten

- Schreibe mit zwei Farben.
- Verwende Farben.
- Schreibe in dein Heft.
- Sprich und klatsche dazu.*
- Höre genau zu.
- Silbe – Spure mit zwei Farben nach.
- Alles Wichtige findest du in der Schatzkiste. (Nomen – Dinge haben einen Namen. Wir nennen sie Nomen. Nomen schreiben wir groß.)
- ③ Zusatzaufgabe
- Klassengespräch
- Partner- oder Gruppenarbeit
- Rollenspiel
- Ich – Du – Wir
- Über Lernen sprechen
- Sprache untersuchen / ein Rechtschreibgespräch führen

Aufgaben zur Medienkompetenz

* Rhythmisiertes Sprechen und Klatschen der Kontrastpaare als Grundlage zur richtigen Schreibung der doppelten Mitlaute

** Die Aufgaben orientieren sich an den Anforderungsniveaus der Bildungsstandards und Lehrpläne der Bundesländer

❶ Aufgaben** im
- ● Anforderungsbereich 1
- ●● Anforderungsbereich 2
- ●●● Anforderungsbereich 3

Wieder in der Schule

1 Schau dir das Bild an. Erzähle.

2 Was sagen die Kinder zueinander?

3 Lies die Gesprächsregeln auf dem Plakat.

4 Kennst du noch andere Gesprächsregeln?

5 Schreibt alle Gesprächsregeln auf ein Plakat.

Unsere Gesprächsregeln

1. Ich höre zu.
2. Ich ...
3. ...

Nomen

① Schreibe die Nomen mit zwei Farben auf.

Feder | Ball | Turm | ~~Karte~~ | Stein | Sand

Karte

② Schreibe jedes Nomen noch zweimal.

Nomen

Dinge haben einen Namen.
Diese Namenwörter heißen Nomen.
Nomen schreiben wir groß.

3 Lies die Nomen.

Blume

Hund

Schaf

Baum

Frau

Schüler

4 Schreibe die Nomen in die Tabelle.

Menschen	Tiere	Pflanzen

Nomen

Namen von Menschen, Tieren und Pflanzen sind Nomen.
Wir schreiben sie groß.

Nomen

❶ Lies die Nomen.

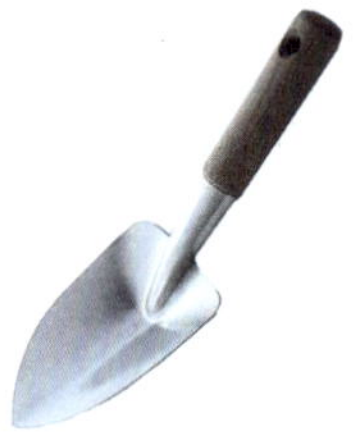
Schaufel

Salat

Junge

Käfer

Eimer

Schnecke

Blume

Mädchen

❷ Ordne die Nomen zu. Schreibe die Nomen auf.

Menschen:

Junge

Tiere:

Pflanzen:

Dinge:

③ Schreibe Nomen für Menschen, Tiere, Pfanzen und Dinge auf.

4 Verbinde jedes Nomen mit dem passenden Bild.

Kiste | Blatt | Baum

5 Schreibe ab. Setze das passende Nomen ein.

Salat ist in der  .

Der Käfer ist auf dem  .

Memo ist im  .

Silbenhaus A und Silbenhaus B

Hose

Klinger

Wolken

Klinger

In der 2. Silbe steht immer **e**.

1 Schreibe die Nomen in die Häuser.

Hase

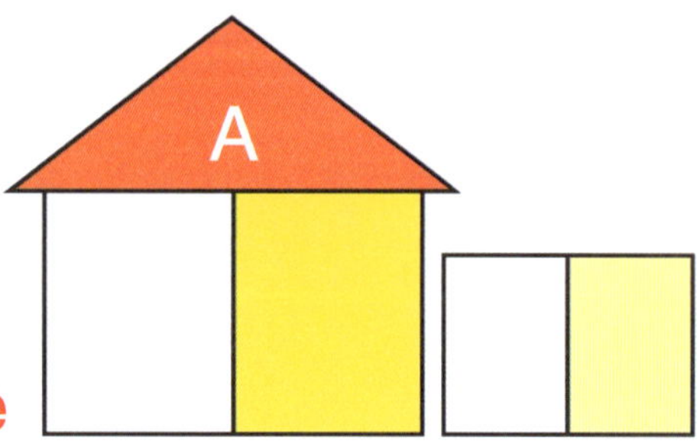

Dosen

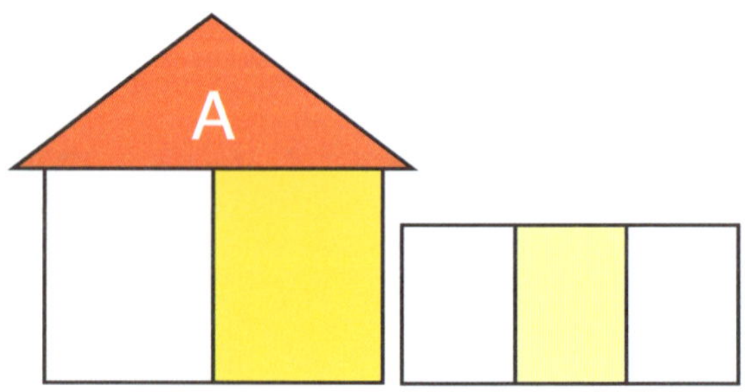

Birne

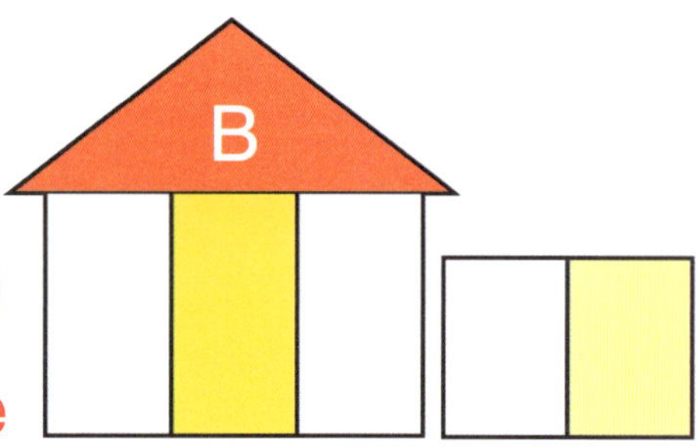

Lampe

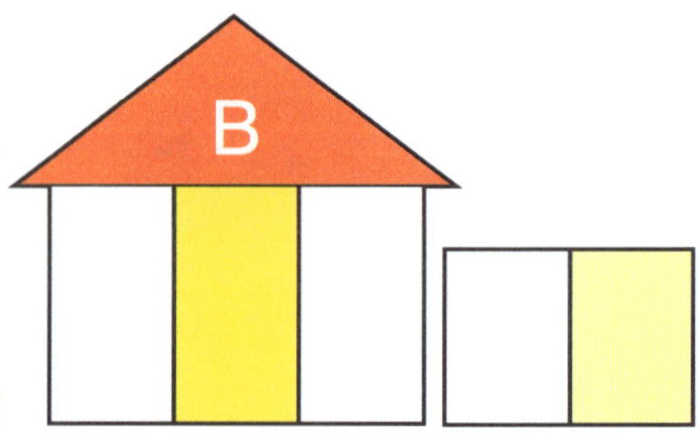

Bestimmter Artikel: der, die, das

Bestimmter Artikel

Vor Nomen steht oft
der bestimmte Artikel (Begleiter):

● der ● die ● das

1 Lies die Nomen mit Artikel.

● der Apfel

● die Dose

● das Auto

2 ● der ● die ● das ? Schreibe die Artikel.

● der 

● 

● 

● 

● 

● 

● 

● 

Unbestimmter Artikel: ein, eine

Unbestimmter Artikel

Vor Nomen kann auch
der unbestimmte Artikel stehen:

● **ein** ● **eine** ● **ein**

❶ Lies die Nomen mit Artikel.

● ein Apfel

● eine Dose

● ein Auto

❷ ● ein ● eine ● ein ? Schreibe die Artikel.

● ein	Eimer	● ____	Baum
● ____	Blume	● ____	Buch
● ____	Schere	● ____	Banane
● ____	Haus	● ____	Wolke
● ____	Flasche	● ____	Stein

Einzahl – Mehrzahl

1 Lies das Nomen mit Artikel in der Einzahl und in der Mehrzahl.

das Auto — die Autos

2 Schreibe die Nomen in der Einzahl und in der Mehrzahl.

die Stifte | die Dosen | die Äpfel | die Tüten | ~~die Autos~~

das Auto – die Autos

der Apfel – ______

der Stift – ______

die Dose – ______

die Tüte – ______

Einzahl – Mehrzahl

Nomen gibt es in der Einzahl und in der Mehrzahl.
Der Artikel in der Mehrzahl ist immer: die.

Nomen-Probe

1 So findest du Nomen.

1. Schritt

Ist es ein Name für

- einen Menschen
- ein Tier
- eine Pflanze
- ein Ding?

Ja,
dann schreibe groß.

2. Schritt

Passt

- der, die, das
- ein, eine

als Artikel davor?

Ja,
dann schreibe groß.

3. Schritt

Kannst du die Mehrzahl bilden?

Ja,
dann schreibe groß.

2 Kreise alle Nomen gelb ein.

Ente	und	mit	Kiste	Schere
macht	zu	Kind	sagt	bei

3 ● der ● die ● das ? Schreibe die Nomen mit Artikel.

die Ente – die Enten

___ – ___

___ – ___

___ – ___

Eine Infotafel gestalten

Die Kinder haben eine Infotafel in der Klasse.

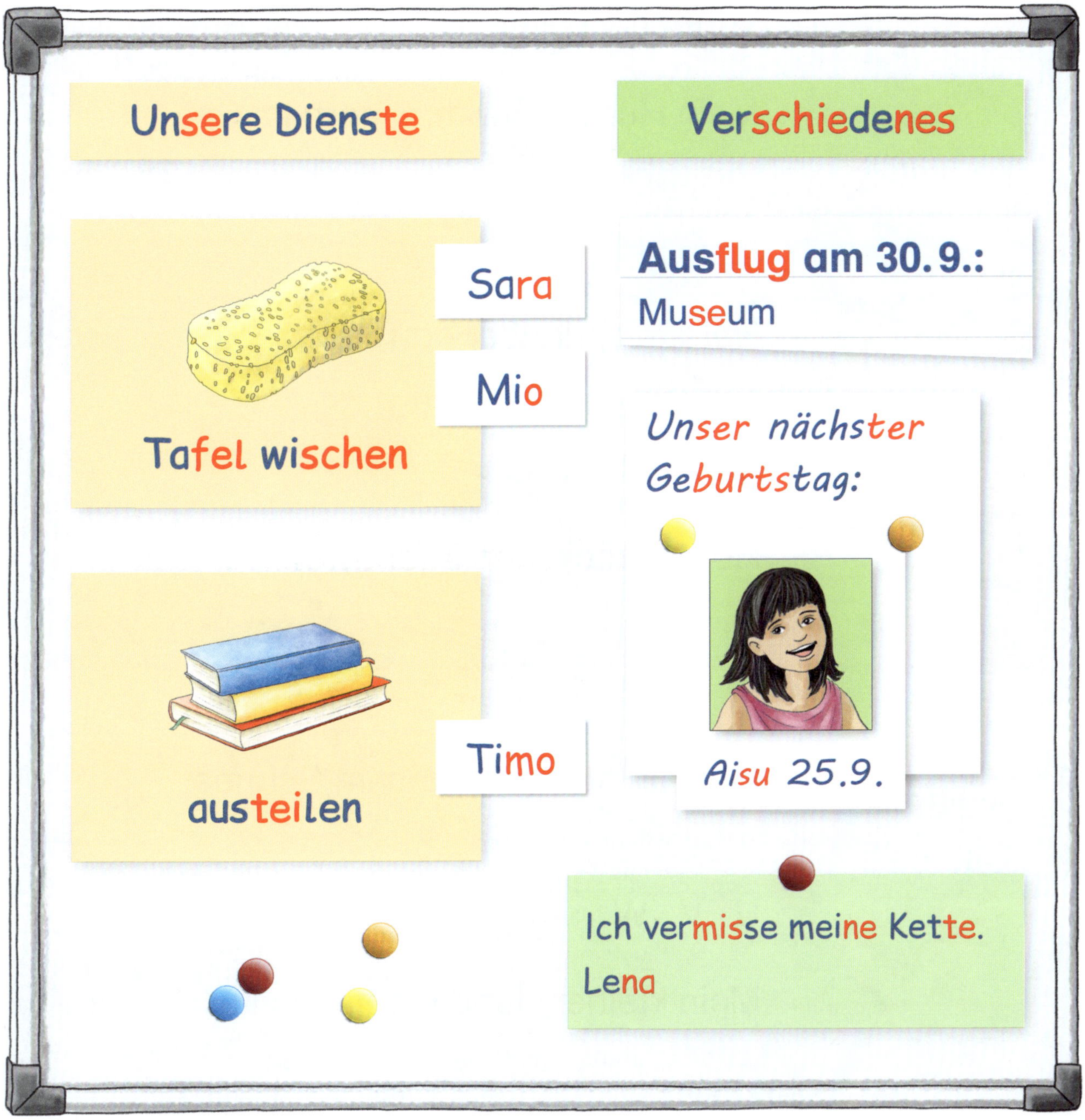

1. Was hängt an der Infotafel?
2. Wer hat bald Geburtstag?
   Stellt noch mehr Fragen zu der Infotafel.
3. Gestaltet eine Infotafel für eure Klasse.

Unsere Infotafel

- Dienste in der Klasse
- Geburtstage
- …

Mein kleiner Hund

A B C D E –

Mein Hund schwimmt gern im See.

F G H I J –

Heraus springt er ganz flott.

K L M N O –

Holt's Stöckchen irgendwo.

P Q R S T –

Mein Hund spielt gern im Schnee.

U V W und X –

Mein kleiner Hund macht nichts.

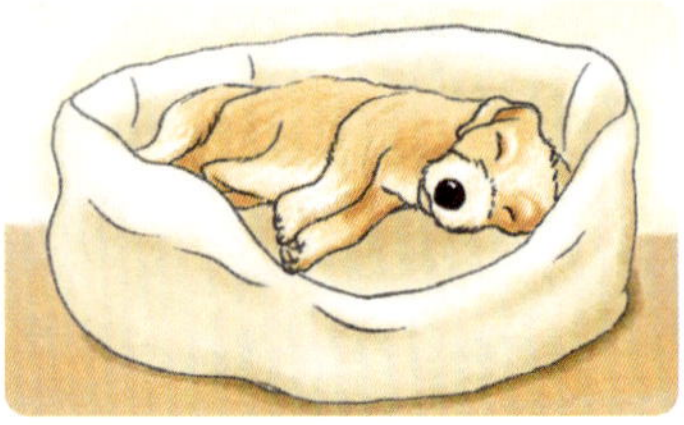

Y und Z –

Ach, so ein Hund ist nett.

1 Schau dir die Bilder an. Erzähle.

2 Lies das Abc-Gedicht.

3 Schreibe das Abc in Großbuchstaben.

A B C

4 Schreibe das Abc in Kleinbuchstaben.

a b c

5 Was machen Hunde?
Schreibe die Buchstaben zu den Zahlen.

A	B	C	D	E	F	G	H	I	J	K	L	M
1	2	3	4	5	6	7	8	9	10	11	12	13

N	O	P	Q	R	S	T	U	V	W	X	Y	Z
14	15	16	17	18	19	20	21	22	23	24	25	26

H											
8	21	14	4	5	19	16	9	5	12	5	14

Abc

❶ Verbinde die Buchstaben in der richtigen Reihenfolge.

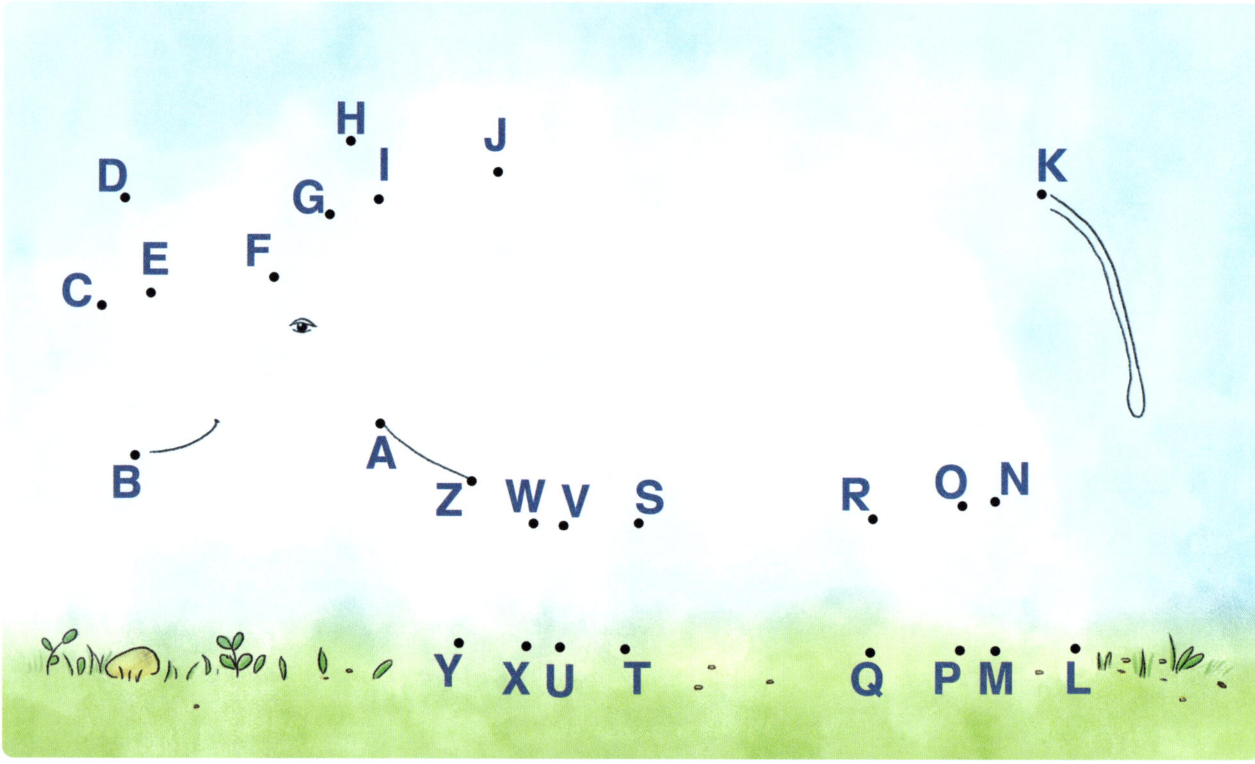

❷ Verbinde die Buchstaben in der richtigen Reihenfolge.

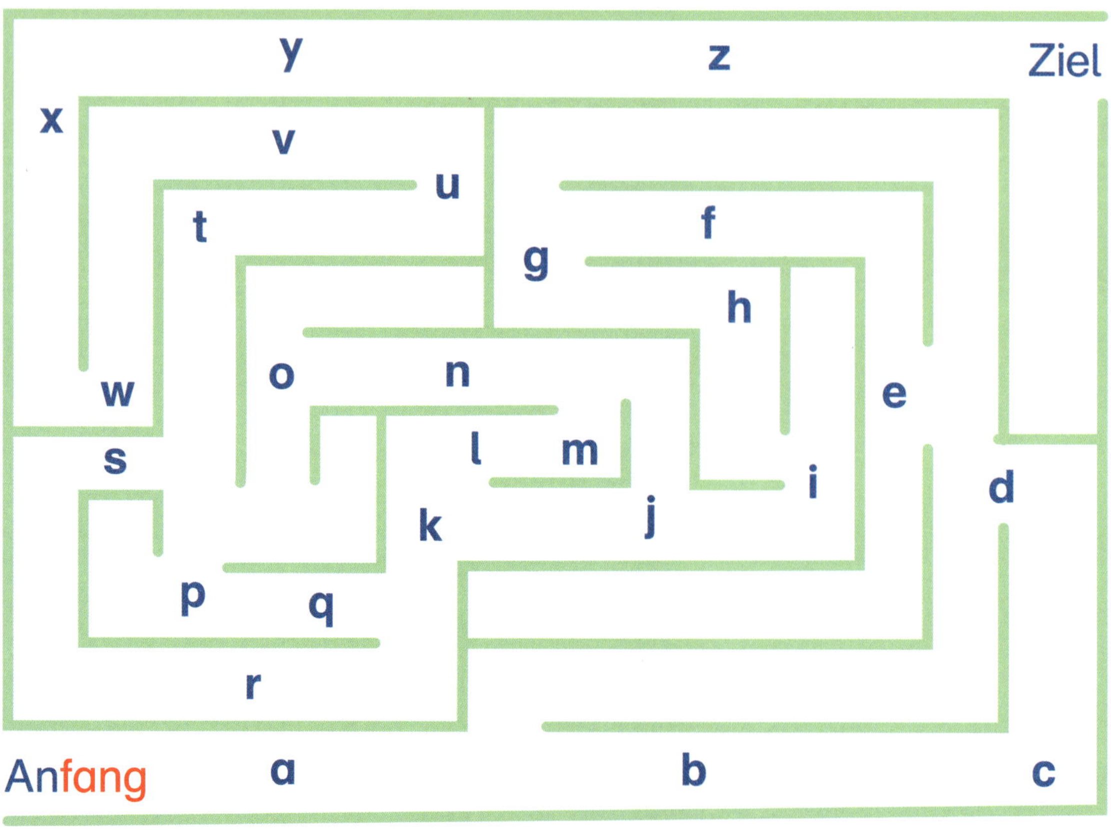

3 Welche Buchstaben fehlen?

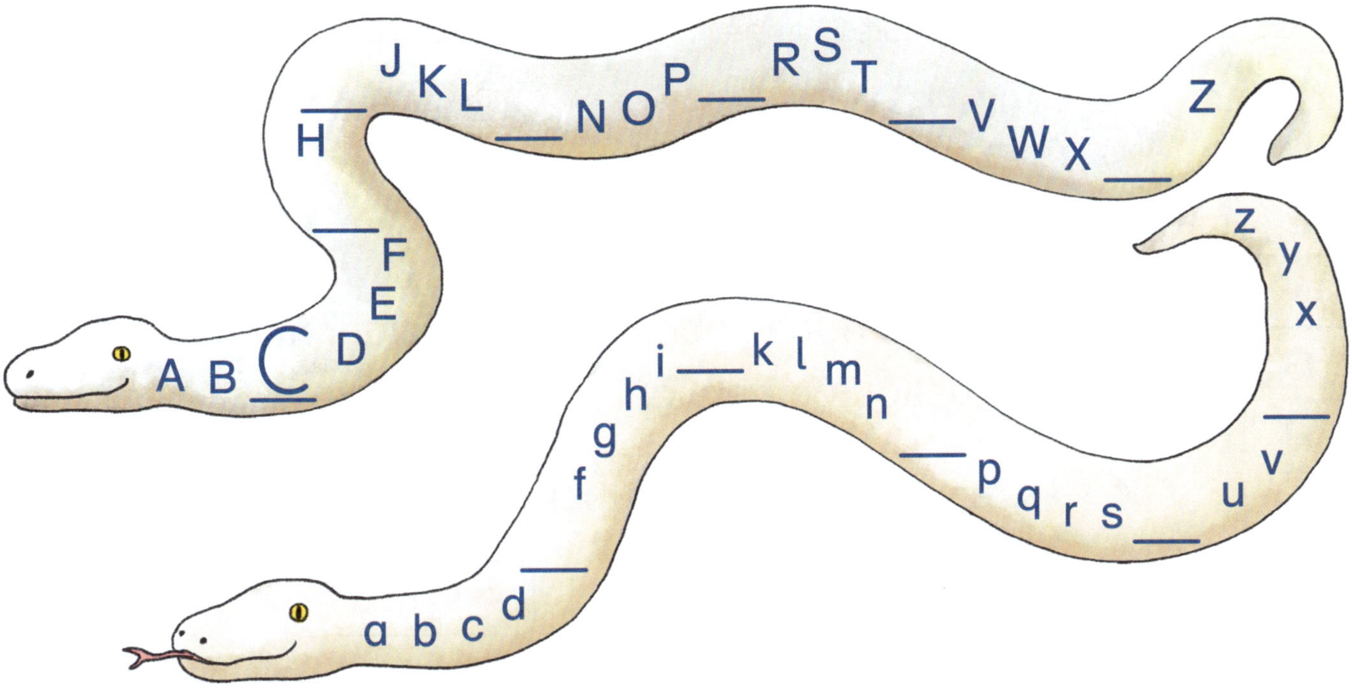

4 Welche Buchstaben fehlen?

A	B	C	D		F	G	H	
J	K		M		O		Q	R
S	T		V		X	Y		

5 Welche Buchstaben fehlen?

E	F				J	K			N

Selbstlaute – Mitlaute

A	a
B	b
C	c
D	d
E	e
F	f
G	g
H	h
I	i
J	j
K	k
L	l
M	m
N	n
O	o
P	p
Q	q
R	r
S	s
T	t
U	u
V	v
W	w
X	x
Y	y
Z	z

Selbstlaute und Mitlaute

Selbstlaute (Klinger): A a, E e, I i, O o, U u

Mitlaute sind alle anderen Buchstaben des Abc:
B b, C c, D d, F f, G g …

1. Male im Buchstabenturm die Felder mit den Selbstlauten gelb an.

2. Kreise den ersten Selbstlaut ein.

Affe	Uhu	Oma	
Igel	Esel	Ente	Opa
Insel	Ufo	Ameise	

3. Ordne die Nomen zu.

A	der Affe	
E		
I		
O		
U		

Erste Silbe: offen oder geschlossen?

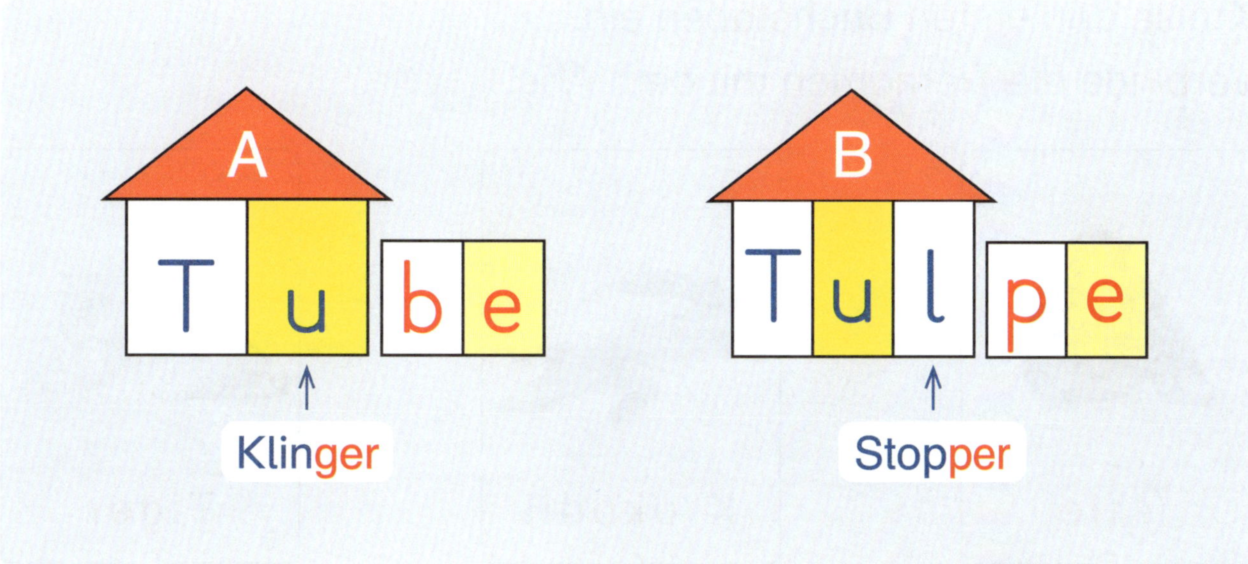

Silbenhaus A

In Haus A endet die erste Silbe mit einem Selbstlaut (Klinger).

Silbenhaus B

In Haus B endet die erste Silbe mit einem Mitlaut (Stopper).

1. Sprich und klatsche die Nomen.
   Wie endet die erste Silbe: Klinger oder Stopper?

2. Schreibe die Nomen in Haus A oder Haus B.

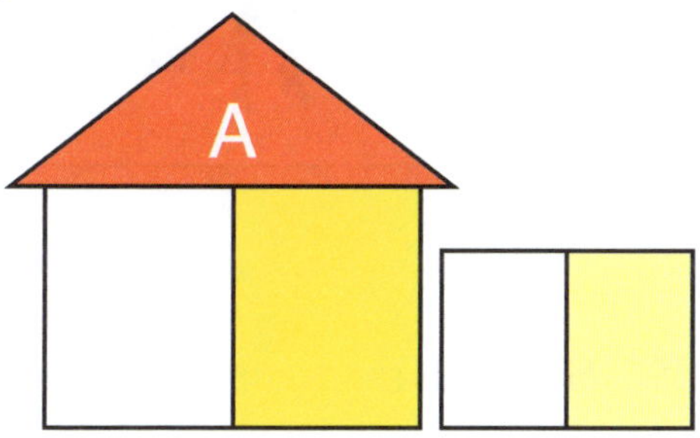

Tore

Torte

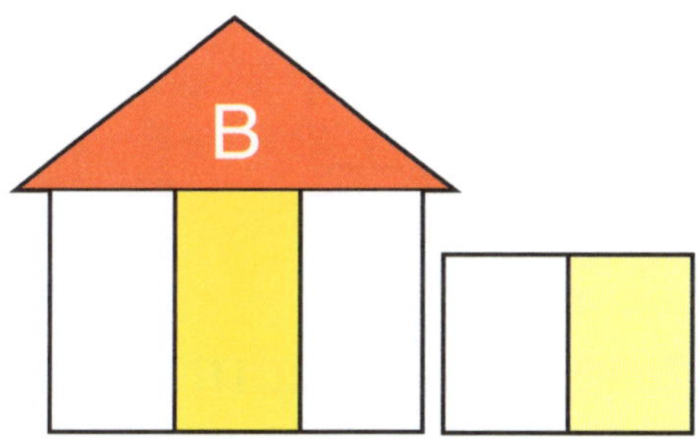

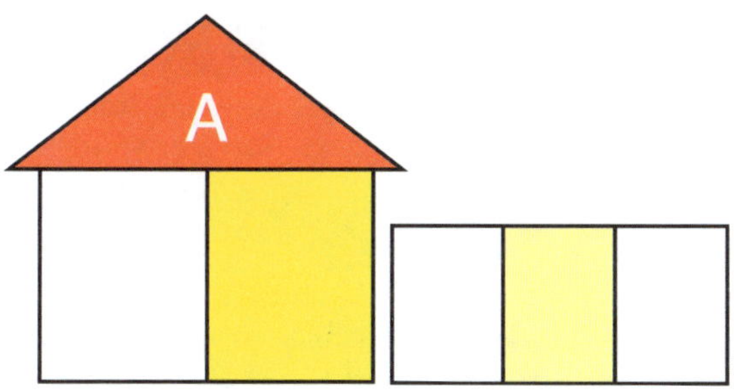

Felder

Feder

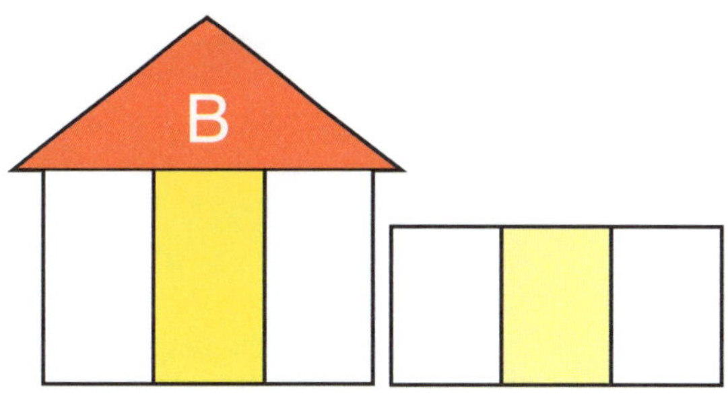

Nach dem Abc ordnen

1 Kreise den ersten Buchstaben ein.
Verbinde die Tiernamen mit dem Abc.

Affe

Krokodil

Tiger

A B C D E F G H I J K L M N O P Q R S T U V W X Y Z

Delfin

Gans

Zebra

2 Ordne die Tiernamen nach dem ersten Buchstaben.

1. Affe	4.
2.	5.
3.	6.

Im Wörterbuch nachschlagen

1 Die ersten Buchstaben sind gleich.
Kreise den zweiten Buchstaben ein.

2 Ordne die Tiernamen nach dem zweiten Buchstaben.

Ameise

Affe

1. ______
2. ______

Reh

Rabe

1. ______
2. ______

Zebra

Ziege

1. ______
2. ______

3 Suche die Tiernamen im Wörterbuch.
Schreibe die Seitenzahl auf.

Affe:	Seite ☐	Ameise:	Seite ☐
Rabe:	Seite ☐	Reh:	Seite ☐
Zebra:	Seite ☐	Ziege:	Seite ☐

Lang oder kurz? – Doppelter Mitlaut

1 Warum schreibe ich Koffer mit **ff**?

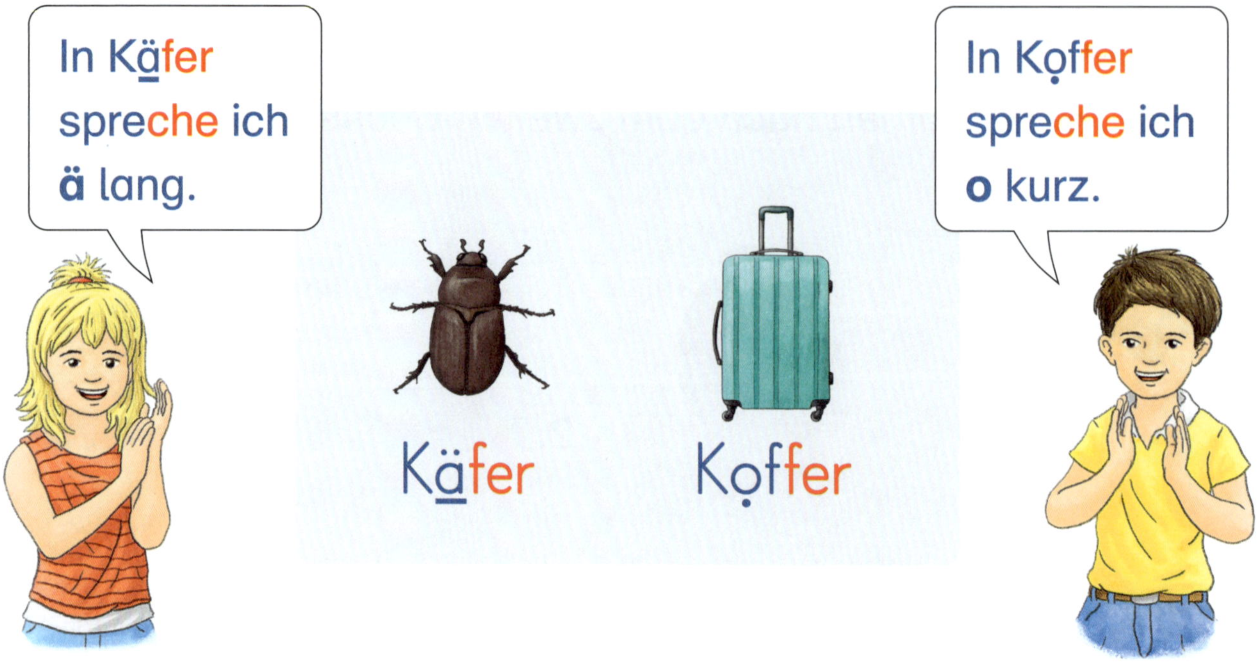

2 Welche Nomen gehören zu den Bildern?

3 Sprich und klatsche die Nomen.

Kontrastpaare klatschen: Käfer – Koffer, Hüte – Hütte, Besen – Busse
Häuschen-Rhythmus (lang – kurz) Kontrastpaare zum Anhören

In Käfer spreche ich **ä** lang.
Ich schreibe das Wort in Haus A.

In Koffer spreche ich **o** kurz.
Ich schreibe das Wort mit **ff** in Haus C.

4 Schreibe die Nomen in die Häuser.

Käfer

Koffer

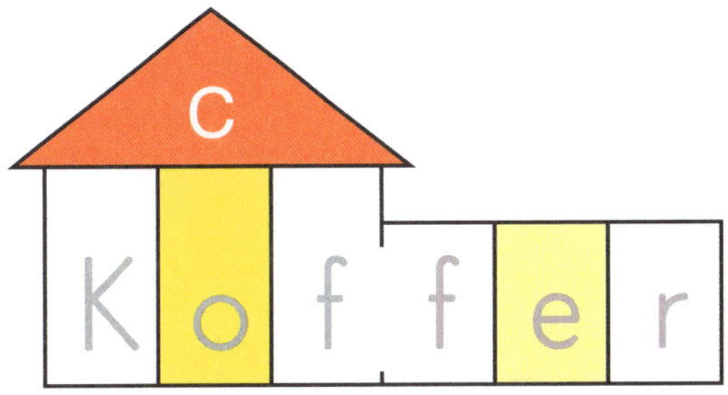

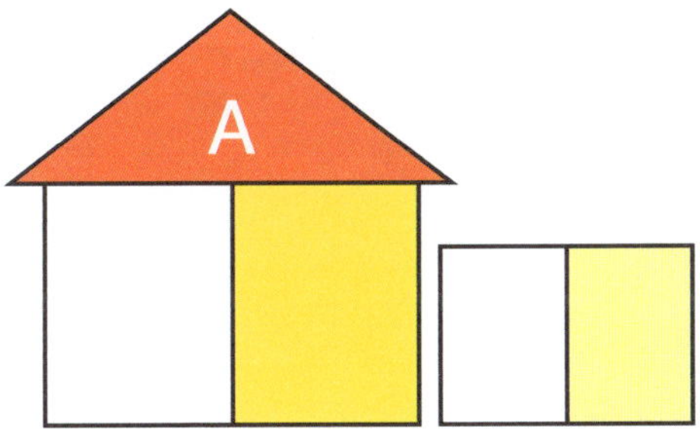

Hüte

Hütte

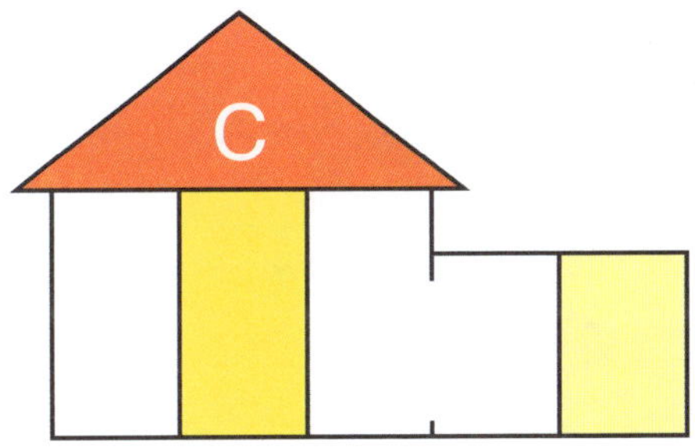

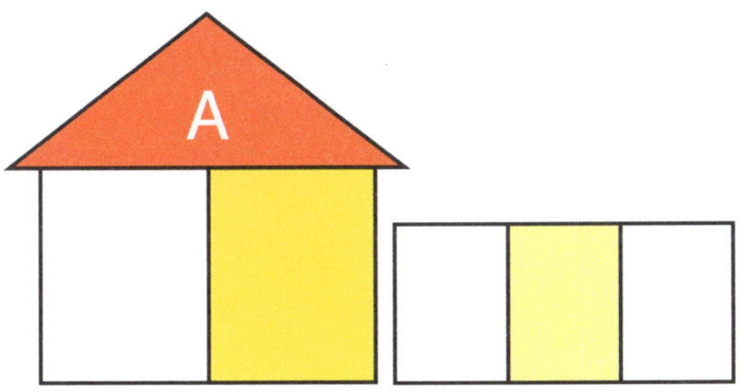

Besen

Busse

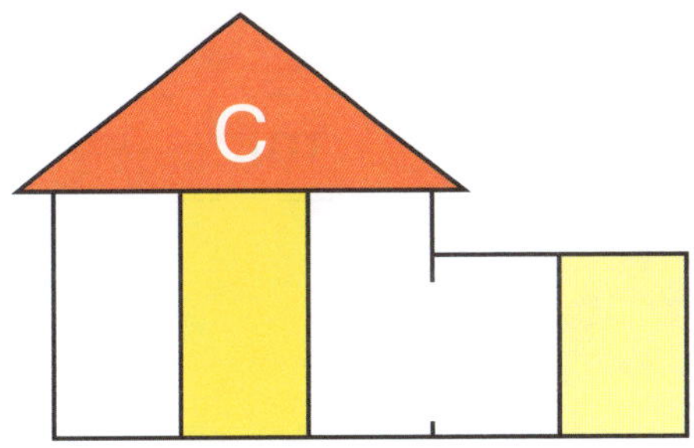

Doppelter Mitlaut

Man spricht den Selbstlaut
in der ersten Silbe kurz.
Deshalb folgt ein doppelter Mitlaut.

Verben

Verben

Verben sagen uns, was jemand tut (Tunwörter).
Verben schreiben wir klein.

① Schreibe die Verben auf.

bellen | miauen | meckern | ~~muhen~~ | krähen

muhen

② Schreibe jedes Verb noch einmal.

3 Was tun die Tiere? Schreibe die Verben.

Die Hunde ______________.

Die Katzen ______________.

Die Hähne ______________.

Die Kühe ______________.

Die Ziegen ______________.

4 Was kannst du tun?

~~schwimmen~~	schreiben	lesen	rechnen

ich kann schwimmen

ich kann

ich

5 Was kannst du noch?

Nomen oder Verb?

1 Suche zu jedem Bild den Tiernamen und das Verb.
Schreibe auf.

Esel	Vögel	Raupen	Affen	~~Hunde~~
~~bellen~~	klettern	fressen	tragen	fliegen

Hunde bellen

2 Schreibe noch einen Tiernamen und ein Verb auf.

3 Lies den Text.

Die Lamas

- leben in den Bergen
- haben ein langes Fell
- fressen Gras
- tragen Körbe

4 Unterstreiche alle Nomen gelb und alle Verben grün.
Schreibe die Sätze ab.

Lamas leben in den Bergen.

Lamas

Lamas haben ein langes Fell.

Lamas fressen Gras.

Lamas tragen Körbe.

Lang oder kurz? – Sprechprobe

1 Sprich und klatsche das Wort mit langem a und mit kurzem a.
In welchem Haus hört sich der Tiername richtig an?

2 Sprich und klatsche die Nomen auf beide Arten.
Welches Wort ist falsch?

3 Streiche das falsche Wort durch.

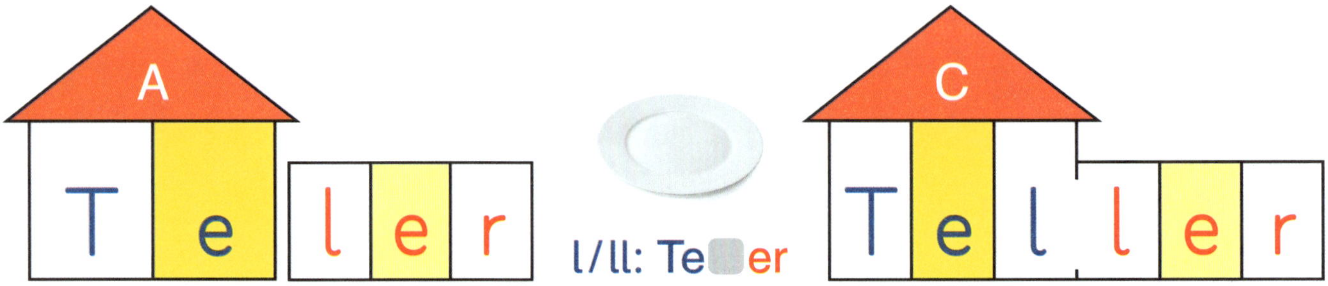

Silbenhaus A oder C?

Sprich ein Wort auf beide Arten. So kannst du entscheiden, ob das Wort mit einem doppelten Mitlaut geschrieben wird.

Lang oder kurz?

1 Sprich und klatsche die Nomen auf beide Arten.

2 Schreibe die Nomen in das richtige Haus.

Hase — Hasse

Hase hört sich richtig an.

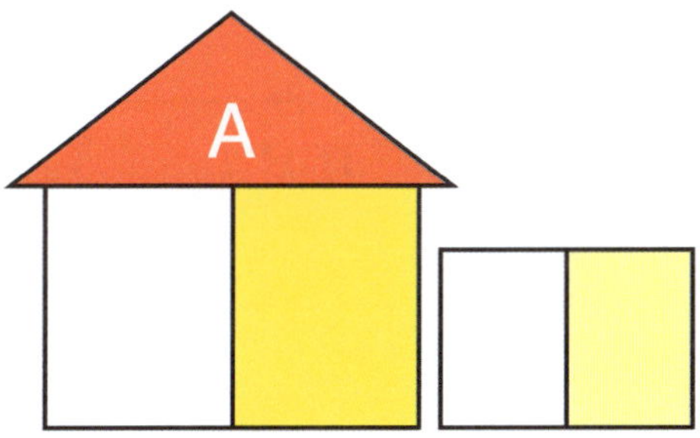

s/ss: Ha▢e

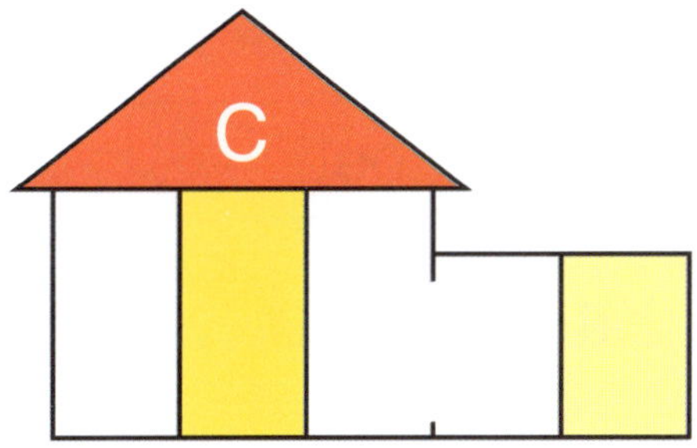

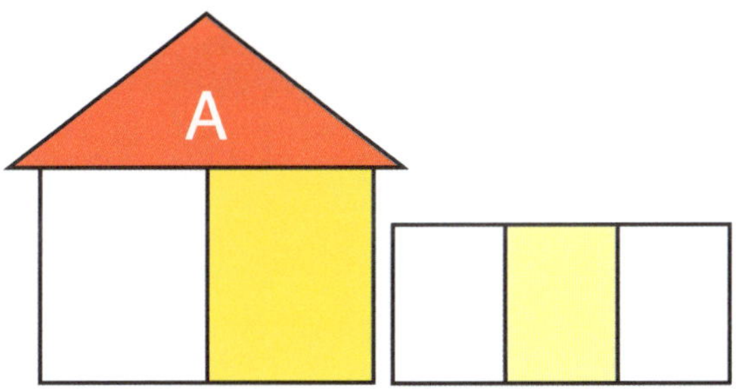

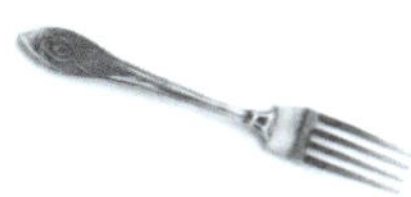

b/bb: Ga▢el

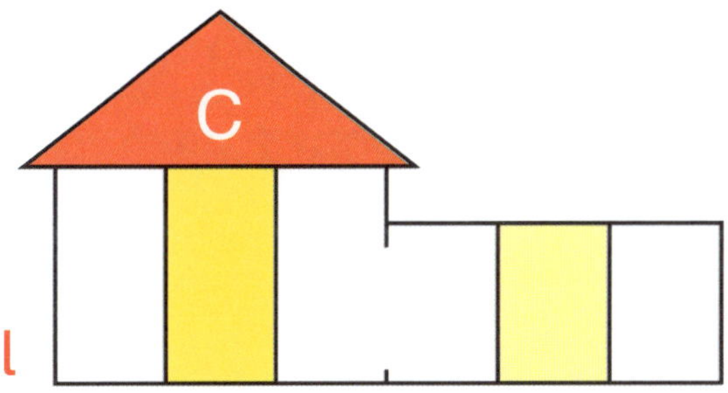

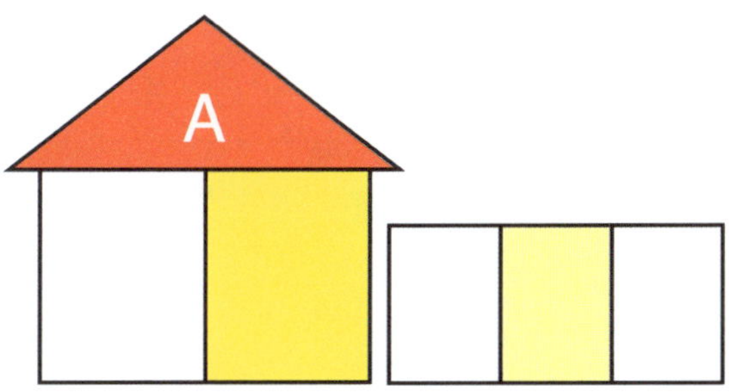

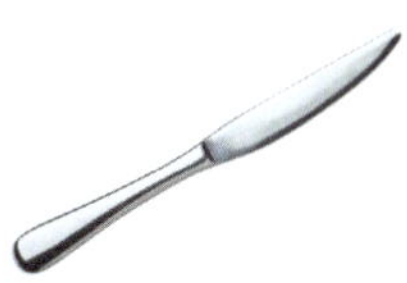

s/ss: Me▢er

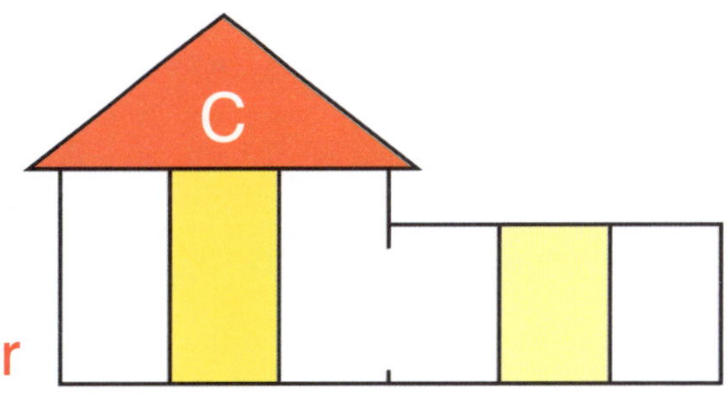

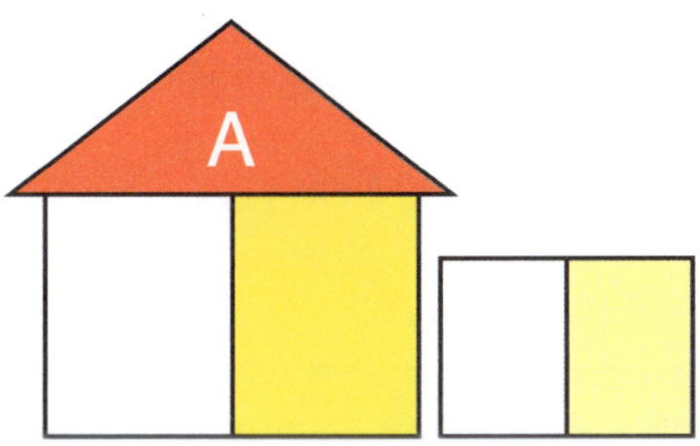

n/nn: Ka▢e

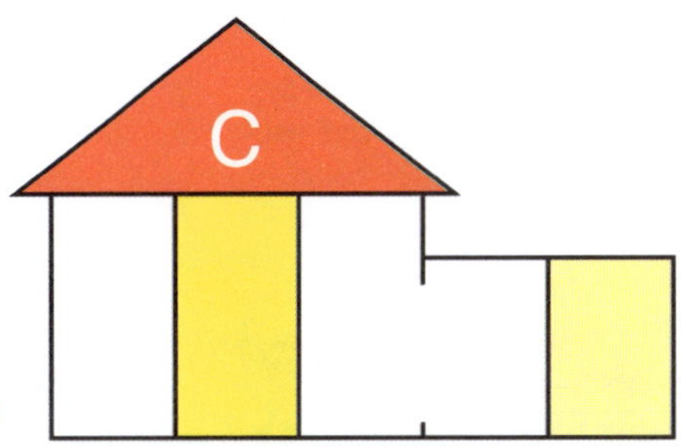

Aussagesatz

1 Sätze schreiben wir so. Was fällt dir auf?

Die Bären brummen.

Aussagesatz
Am Satzanfang schreiben wir groß.
Am Satzende steht ein Punkt.

2 Was tun die Tiere?
Schreibe die Sätze. Kreise wie im Beispiel ein.

~~Hunde bellen~~	Ziegen meckern	Kühe muhen
Katzen miauen	Mäuse nagen	

Die Hunde bellen.

Richtig abschreiben

1 So schreibst du einen Text richtig ab.

Abschreibtipp

Lies jeden Satz leise.

Decke den Satz ab.

Schreibe den Satz auswendig
mit zwei Farben auf.
Sprich jede Silbe mit.

Vergleiche.

2 Schreibe die Sätze ab.

Die Tiger fauchen.

Die Affen klettern.

Die Hunde bellen.

Die Bären brummen.

3 Kreise den Satzanfang und den Punkt ein.

Im Wald und auf dem Feld

❶ Schau dir das Bild an. Erzähle.

❷ Suche die Wörter im Bild. Trage die Nummern ein.

(1) Kastanien (2) Drachen (3) bunte Blätter

(4) reife Äpfel (5) Pilze

❸ Was machst du im Herbst?

4 Schreibe die Sätze ab.

Wir sammeln Pilze.

Wir ernten Äpfel.

Verben auf -en: Wortstamm

1 So findest du den Wortstamm.

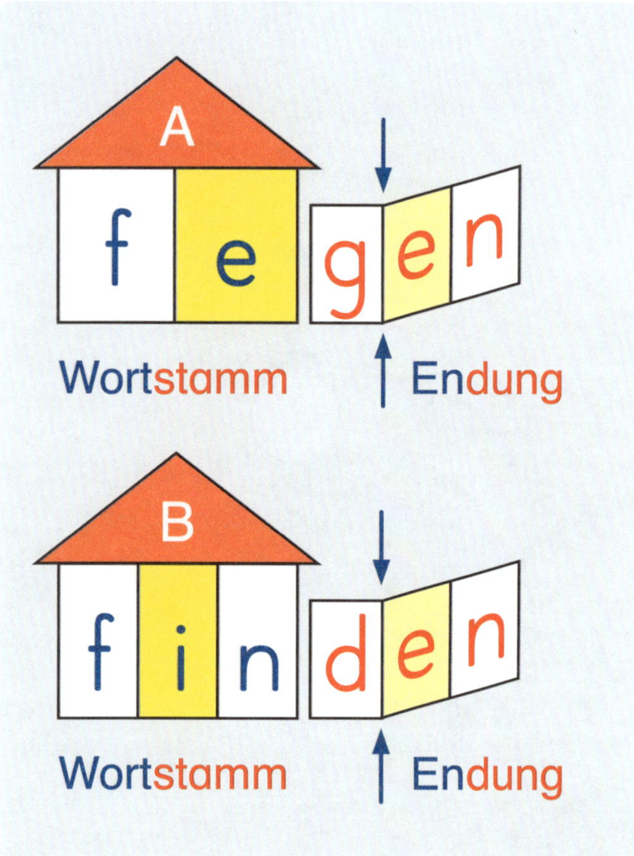

Verben
Verben haben einen Wortstamm und eine Endung.

2 Schreibe die Verben in die Häuser.

hören

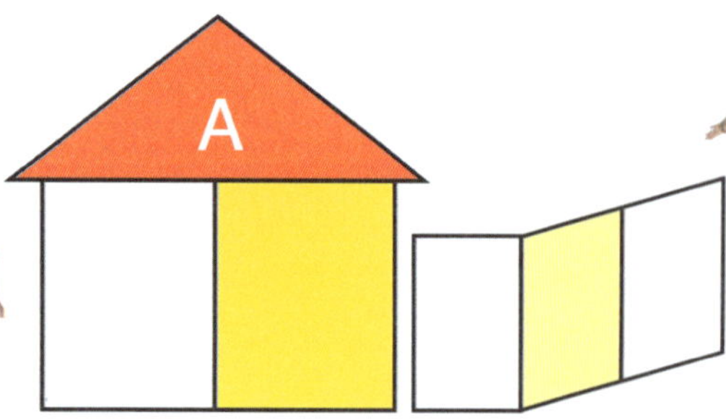

tanzen

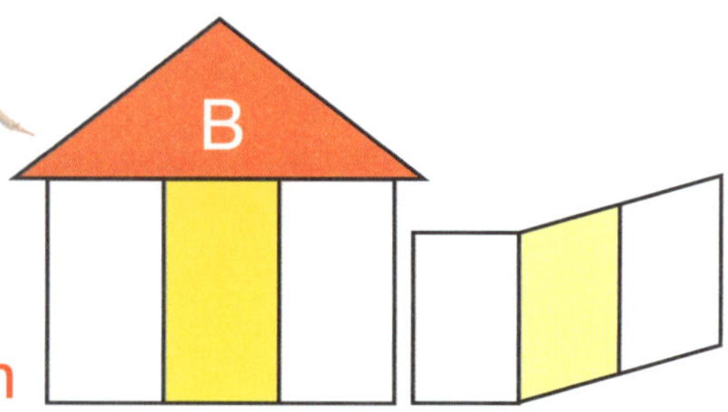

3 Wie heißt der Wortstamm?

Die er-Form

1 Verbinde die Grundform mit der passenden er-Form.

hören

gehen

lachen

spielen

er lacht | er hört | er spielt | er geht

2 Schreibe die Verben in der Grundform und in der er-Form.

hören – er hört

–

–

–

Verben

Die er-Form hat die Endung **t**.

spielen – er spielt

Die er-Form

fegen

pfeifen

fliegen

bauen

1 Schreibe die Verben in der Grundform und in der er-Form.

fegen – er fegt

________ – ________

________ – ________

________ – ________

2 Trage die passende er-Form ein.

Der Vogel ________ ein Lied.

Der Drachen ________ hoch in der Luft.

Der Junge ________ einen Turm.

Der Mann ________ die Straße.

Die er-Form mit doppeltem Mitlaut

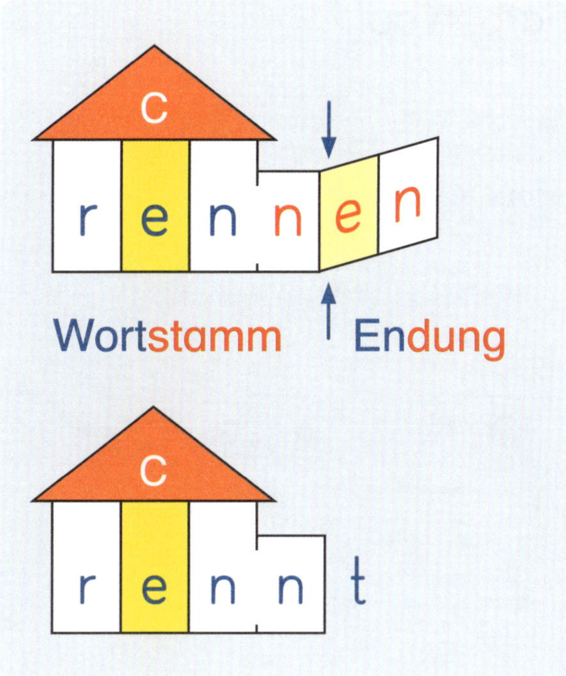

Zuerst bilde ich den Wortstamm. Dann hänge ich **t** an den Wortstamm. Achtung: Habe ich **nn** geschrieben?

1 Was musst du bei Verben mit doppeltem Mitlaut beachten?

2 Schreibe die Verben in der Grundform und in der er-Form.

rollen | bellen | kommen | summen

rollen – er rollt

–

–

–

3 Schreibe die Verben in der Grundform und in der er-Form.

brummen | hoffen | stellen | knurren

Verbformen

1 Schreibe die Verbformen mit zwei Farben auf.

	Wortstamm	Endung	
ich	ruf	e	ich rufe
du	ruf	st	du
er	ruf	t	
wir	ruf	en	
ihr	ruf	t	
sie	ruf	en	

2 Trage die Verben in der richtigen Form ein.

malen | baden | rufen

Mio ______ aus dem Fenster.

Ben ______ ein Bild.

Mia und Mio ______ im See.

Verb-Probe

❶ So findest du Verben.

1. Schritt
Sagt das Wort,
- was jemand tut?
- was passiert?

2. Schritt
Kannst du die er-Form bilden?
er sagt

❷ Kreise alle Verben grün ein.

sagen	Haus	rufen	Maus
und	rennen	Tisch	gehen

❸ Schreibe die Verben in der Grundform und in der er-Form.

sagen – er sagt

–

–

–

Umlaute Ä/ä und Äu/äu – Wir leiten ab

das Glas – die Gläser

der Baum – die Bäume

Umlaute

Ä ä, Ö ö, Ü ü sind Umlaute.

a → ä   au → äu

1 Schreibe die Nomen in der Einzahl und in der Mehrzahl.

Ast | ~~Ball~~ | Maus | Blatt

der Ball – die Bälle

______ – ______

______ – ______

______ – ______

Umlaute in der er-Form – Wir leiten ab

tragen

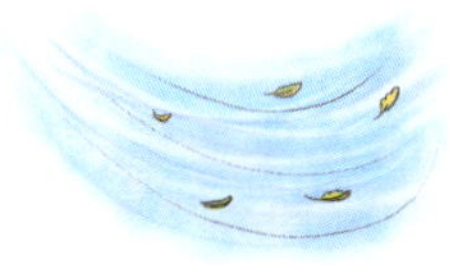
blasen

fallen

laufen

1 Schreibe die Verben in der Grundform und in der er-Form.

tragen – er trägt

______ – ______

______ – ______

______ – ______

2 Vergleiche die Grundform und die er-Form. Was fällt dir auf?

3 Trage die passende er-Form ein.

Das Blatt ______ vom Baum.

Der Wind ______ stark.

Das Kind ______ über die Wiese.

Der Mann ______ den Korb.

Aussagesatz

❶ Schreibe die Sätze ab. Setze das passende Nomen ein.

Wiese | Nüsse | Blätter

Es ist Herbst.

Die  fallen von den Bäumen.

Sina läuft über die  .

Timo sammelt  .

❷ Male das Bild an.

Schleichdiktat

❶ So schreibst du ein Schleichdiktat.

Lege den Text an eine Stelle im Zimmer.
Lies den ersten Satz genau.
Merke dir den Satz.

Schleiche zurück an deinen Platz.

Schreibe den Satz auf.
Sprich die Wörter leise mit.
Schreibe so den gesamten Text.

Hole den Text an deinen Platz.
Überprüfe und verbessere.

❷ Schreibe die Sätze als Schleichdiktat.

1. Herbst
2. Es ist Herbst.
3. Der Wind bläst.
4. Timo sammelt Nüsse.
5. Das ist schön.

Eine Bildergeschichte schreiben

1 Schau dir die Bilder an. Erzähle die Geschichte.

Hanna und ihr Drachen

④

?

2 Ordne jedem Bild den passenden Satz zu.
Schreibe die richtige Nummer vor jeden Satz.

◯ Die Mutter holt den Drachen herunter.

◯ Es ist Herbst. Hanna lässt den Drachen steigen.

◯ Der Drachen bleibt im Baum hängen.

3 Wie könnte die Geschichte weitergehen? Erzähle.

4 Schreibe zu jedem Bild den passenden Satz.

Hanna und ihr Drachen

5 Wie geht deine Geschichte weiter? Male.

4

Bei uns und anderswo

1 Schau dir das Bild an. Erzähle.

2 Suche die Verben im Bild. Trage die Nummern ein.

1 spielen	2 verkaufen	3 singen
4 zuhören	5 schenken	6 essen

3 Was machst du im Advent?

4 Schreibe die Sätze ab.

Die Kinder singen Lieder.

Die Kinder verkaufen Kekse.

-en, -el, -er in der zweiten Silbe

1 Lies den Text.

Auf dem Schulfest sammln

die Kinda Geld.

Mit dem Geld werden Ziegn gekauft.

Mit den Ziegen helfn die Kinder

armen Familien.

2 Im Text sind 4 Wörter falsch geschrieben.
Unterstreiche.
Tipp: In der zweiten Silbe steht immer **e**.

3 Schreibe die Wörter richtig in die Häuser.

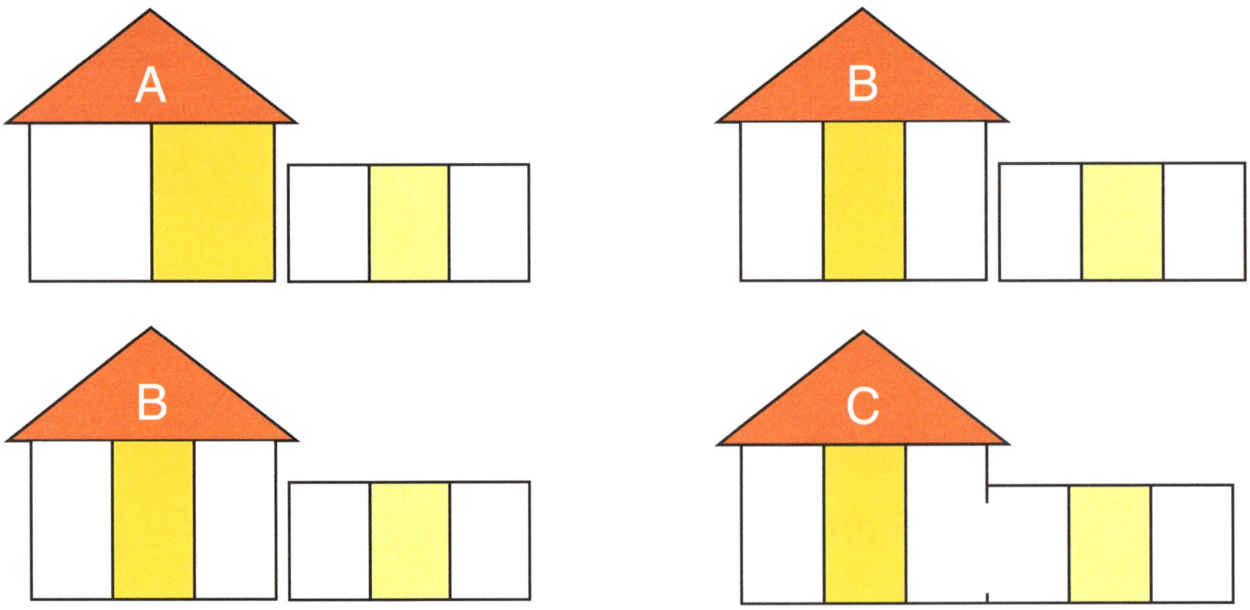

4 Trage ein: den der del

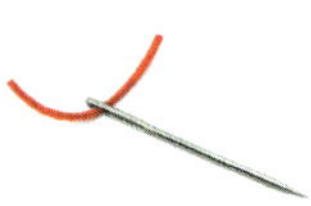 Na

 Fe

 Fa

nk oder ng – Höre den Unterschied

1 In welchem Wort hörst du in der zweiten Silbe **k**?
Sprich die Wörter deutlich und gebärde das **k**.

sinken

singen

2 Was reimt sich? Verbinde die Reimwörter.

trinken	schenken	Junge	bringen
denken	winken	springen	Zunge

3 Schreibe die Reimwörter auf.

trinken

winken

Wörter mit ck

1 Schreibe die Nomen in der Einzahl und in der Mehrzahl.

● ~~Sack~~ ● Jacke ● Rock ● Socke

der Sack – die Säcke

–

–

–

2 Schreibe die Verben in der Grundform und in der er-Form.
Unterstreiche **ck**.

~~backen~~ schicken wecken packen

backen – er backt

–

–

–

Lang oder kurz?

1 Sprich und klatsche die Nomen auf beide Arten.

2 Schreibe die Nomen in das richtige Haus.

Jake — Jacke

Jacke hört sich richtig an.

A

k/ck: Ja▢e

C

A

k/ck: Sä▢e

C

A

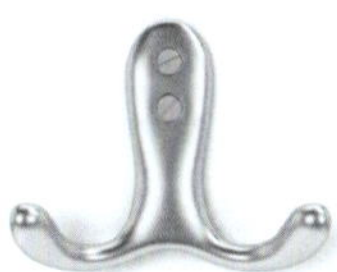

k/ck: Ha▢en

C

A

k/ck: Zu▢er

C

Einen Wunschzettel schreiben

1 Lies den Wunschzettel.

Mein Wunschzettel

Ich wünsche mir:
- einen Technikkasten
- ein Abenteuerbuch
- ein Federmäppchen

Meine Oma soll wieder gesund werden.

Malte

2 Welche Wünsche kann man kaufen?
Welche Wünsche kann man nicht kaufen?

3 Schreibe deinen Wunschzettel. Benutze das Wörterbuch.

Mein Wunschzettel

Zusammengesetzte Nomen

❶ So setzen wir Nomen zusammen.

die Hand
der Ball
der Handball

❷ Setze die Nomen zusammen. Schreibe auf.

der Ritter — das Buch

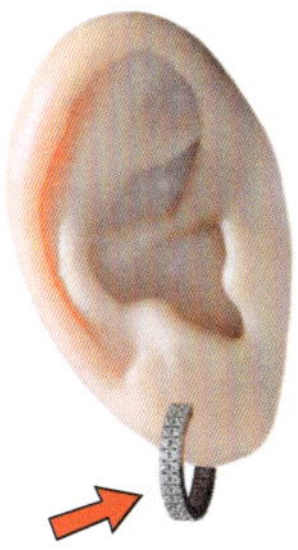

das Ohr — der Ring

der Winter — die Jacke

Zusammengesetzte Nomen

Nomen können wir zusammensetzen.
Sie haben den Artikel des zweiten Nomens.
der Ritter + die Burg: die Ritterburg

Zusammengesetzte Nomen: Verbindungs-s

1 Manche Nomen werden mit **s** verbunden.
Schreibe so:

- der Advent
- der Kranz
- der Adventskranz

- die Weihnacht
- der Baum
- der Weihnachtsbaum

2 Lies und male das Bild an. Sprich deutlich.

Auf dem Adventskranz brennen vier Kerzen.
Am Weihnachtsbaum hängen bunte Kugeln.
Neben dem Baum liegen die Weihnachtsgeschenke.

Eine Backanleitung schreiben

1 Aisu will Kekse backen.
Welche Zutaten braucht sie?

Mehl

Butter

Zucker

Ei

Zuckerguss

Zuckerperlen

2 So bereitet Aisu den Teig zu.
Trage das passende Nomen ein.

Zuerst siebt Aisu das  ________
in eine Schüssel.

Dann gibt sie  ________ ,
 ________ und
ein  ________ dazu.

Nun verknetet Aisu die Zutaten zu einem Teig.

Vorgangsbeschreibung; Zutaten: 300 g Mehl, 150 g Butter, 1 Ei, 100 g Zucker, 1 Prise Salz, Zuckerguss, bunte Zuckerperlen

Eine Backanleitung schreiben

1 Schau dir die Bilder an. Erzähle.

2 Was macht Aisu?
Bilde Sätze.

Tipp: Das erste Wort ist großgeschrieben.
Nach dem letzten Wort steht ein Punkt.

Schreibe die Sätze auf.

Aisu | den Teig. | knetet

Aisu knetet

Sie | Backpapier | legt | auf das Blech.

Sie

rollt | den Teig | Sie | aus.

Sie

Aisu Herzen sticht aus.

Sie das Blech schiebt in den Ofen.

auf die Kekse. Sie streicht Zuckerguss

streut Zuckerperlen Aisu auf die Kekse.

Sprachen vergleichen: Begrüßungen

1 Die Klasse führt ein Hirtenspiel auf.
Die Kinder begrüßen die Zuschauer.
Hört euch die Grüße an.

	Herzlich willkommen!	Polen
	Benvenuti! [Benwenuti]	Türkei
	¡Bienvenidos! [Bjembenidos]	Deutschland
	Hoş geldiniz! [Hosch gäldinis]	Italien
	Witamy serdecznie! [Wittame serdetschnje]	Spanien

2 Lies die Grüße.
Vergleiche die Wörter in den verschiedenen Sprachen.

3 Verbinde mit dem passenden Land.

4 Kennst du einen Gruß in einer anderen Sprache?

Szenisch spielen

1 Verteilt die Rollen an 4 Kinder. Lest das Hirtenspiel.

Kleines Hirtenspiel

Erzähler: Auf dem Feld sind Hirten bei ihrer Herde.
Da sehen sie einen hellen Stern.

1. Hirte: Schaut, ein ganz heller Stern!

2. Hirte: Was soll das bedeuten?

Erzähler: Auf einmal kommt ein Engel zu ihnen.

1. Hirte: Ein Engel!

2. Hirte: Ich hab' Angst!

Engel: Habt keine Angst. Jesus ist geboren.
Ihr werdet ihn in einem Stall
in einer Krippe finden.

1. Hirte: Ich schenke ihm ein Lämmchen.

2. Hirte: Kommt, wir gehen zu dem Stall.

2 Wem wollt ihr das Hirtenspiel vorspielen?

- Alle lernen ihre Rolle auswendig.
- Spielt die Szene. Probiert aus.

Durch das Jahr

1 Schau dir das Bild an. Erzähle zu den Jahreszeiten.

2 Wann beginnen die Jahreszeiten? Schreibe den Monat auf.

Der Frühling beginnt im ______________.

Der Sommer beginnt im ______________.

Der Herbst beginnt im ______________ .

Der Winter beginnt im ______________ .

❸ Welche Jahreszeit gefällt dir am besten?

Die Monate

1. Schreibe die Monatsnamen in der richtigen Reihenfolge.

Januar

März

Februar

Mai

Juni

April

Juli

September

August

November

Oktober

Dezember

1. Januar
2.
3.
4.
5.
6.
7.
8.
9.
10.
11.
12.

2 Trage die Monatsnamen in der richtigen Reihenfolge ein.

Das Jahr

Am Anfang steht der Januar.

Es folgt der kurze ______.

Dann kommen ______, ______

und ______.

Auch ______, ______ sind dabei.

Es folgt ______, danach ______,

zuletzt ______, ______

und ______.

3 Lies das Gedicht laut.

4 Lerne das Gedicht auswendig.

5 In welchem Monat hast du Geburtstag?

______

Fragesatz

Fragesatz

Mit Fragewörtern können wir Fragesätze schreiben: **Wer** ..., **Wo** ..., **Wann** ..., **Warum** ..., **Wie** ..., **Was** ...
Am Ende steht ein Fragezeichen **?**

1. Schau dir das Bild an. Erzähle.

2. Verbinde die Fragen mit der passenden Antwort.

Wer schläft unter dem Laub?	Der Dachs schläft in seinem Bau.
Wo schläft der Dachs?	Die Rehe finden wenig Nahrung.
Warum füttert der Jäger die Rehe?	Der Igel schläft unter dem Laub.

3. Kreise in jeder Frage das Fragewort und das Fragezeichen ein.

4 Stelle Fragen zum Bild. Verwende Fragewörter.

Wer …?	Wo …?	Wann …?
Warum …?	Wie …?	Was …?

5 Schreibe Fragen auf. Denke an das Fragezeichen.

b – p, d – t, g – k: Wir verlängern

1 Bei den einsilbigen Nomen hörst du am Ende **k**, **p** oder **t**.
In der Mehrzahl hörst du aber den richtigen Buchstaben.

Ber▢

→ Berg

2 Nomen: **b** statt **p**, **d** statt **t**, **g** statt **k**. Schreibe so.

Kor▢ die Körbe → der Korb

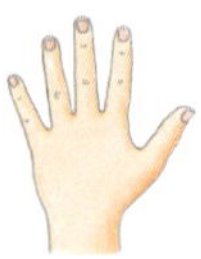

Han▢ →

Zu▢ →

Hun▢ →

We▢ →

3 Bei den einsilbigen Verben hörst du **p** oder **k**.
In der Grundform hörst du aber den richtigen Buchstaben.

er lo▢t

→ er lobt

4 Verben: **b** statt **p**. Schreibe so.

er schie▢t	schieben	→	er schiebt
er ü▢t		→	
er blei▢t		→	
er lie▢t		→	

5 Verben: **g** statt **k**. Schreibe so.

er flie▢t	fliegen	→	er fliegt
er sa▢t		→	
er lie▢t		→	

Wochentage und andere Tage

1 Du kennst sicher die Geschichten vom Sams.
Lies den Text. Wann kommt das Sams?

Am [Sonntag] muss die Sonne scheinen.

Am [Montag] muss Herr Mon zu Besuch kommen.

Am [Dienstag] muss Herr Taschenbier Dienst haben.

Am [Mittwoch] muss Mitte der Woche sein.

Am [Donnerstag] muss es donnern.

Am [Freitag] muss Herr Taschenbier frei haben.

Wenn das alles passiert, kommt am [Samstag] das Sams.

2 Schreibe die Wochentage.

Sonntag

3 Welcher Tag ist morgen? Schreibe den Wochentag.

heute		morgen
Montag	→	Dienstag
Mittwoch	→	
Sonntag	→	

4 Welcher Tag war gestern? Schreibe den Wochentag.

gestern		heute
Mittwoch	←	Donnerstag
	←	Samstag
	←	Mittwoch
	←	Sonntag

5 Setze die Nomen zusammen.

● die Feier ● der Tag

●

Eine Wochenendgeschichte schreiben

1 Schau dir die Bilder an.
Was hat Moritz am Wochenende gemacht? Erzähle.

2 Schreibe die richtige Nummer vor jeden Satz.

◯ Am Sonntag haben wir Karten gespielt.

◯ Am Samstag waren wir mit Oma im Zoo.

◯ Am Freitag haben Papa und ich eingekauft.

3 Schreibe die Sätze in der richtigen Reihenfolge.

Dosendiktat

❶ So schreibst du ein Dosendiktat.

Schreibe den Text auf ein Blatt.
Schneide den Text in Streifen.

Lies den ersten Streifen.
Merke dir die Wörter.

Stecke den Streifen in die Dose.

Schreibe den Satz.
Schreibe so alle Sätze.

Hole die Streifen aus der Dose.
Überprüfe und verbessere.

❷ Schreibe die Sätze auf ein Blatt.

1. Das Jahr
2. Das Jahr hat zwölf Monate.
3. Der Frühling kommt im März.
4. Der Sommer kommt im Juni.
5. Der Herbst kommt im September.

❸ Schreibe die Sätze als Dosendiktat.

Eine Bildergeschichte schreiben

1 Schneide die Bilder von Seite 95 aus und klebe sie ein.

①

②

③

④

⑤

⑥

2 Erzähle die Geschichte.

3 Spielt die Geschichte.

Ich spiele Anna.

Ich spiele Niko.

Ich spiele Waldi.

Eine Bildergeschichte schreiben

Was passt?
Unterstreiche und trage ein.

1 Welche Jahreszeit ist auf dem Bild?

Frühling | Sommer | Herbst | Winter

Es ist ______.

2 Was machen die Kinder mit Waldi?

schleichen | spielen | rennen

Anna und Niko ______ mit Waldi am See.

3 Was macht Niko?

schleudert | wirft | rollt

Niko ______ ein Stöckchen.

4 Was macht Waldi?

sucht | holt | frisst

Waldi ______ das Stöckchen auf dem Eis.

Eine Bildergeschichte schreiben

1 Was passiert dann?

Er bricht in das Eis ein.

Er springt ins Wasser.

2 Was wollen die Kinder tun?

nach Hause gehen

Waldi retten

Die Kinder wollen ______.

3 Wie retten sie Waldi?

reißen | ziehen | holen

Sie ______ Waldi mit dem Schal aus dem Wasser.

4 Wie fühlen sich Anna und Niko?

glücklich | traurig | zufrieden

Anna und Niko sind ______________________.

5 Welche Überschriften passen nicht zu der Geschichte? Streiche durch.

Ein Wintertag	Ein Herbsttag
Waldi fängt Fische	Waldi lernt schwimmen
Glück gehabt	Der arme Waldi

6 Welche Überschrift gefällt dir am besten? Schreibe auf.

____

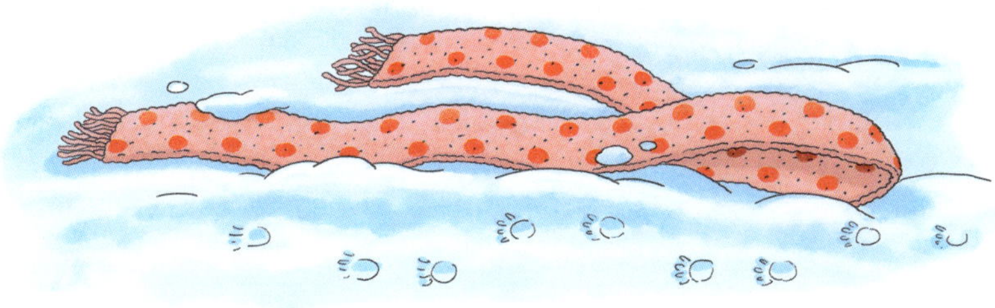

Eine Bildergeschichte schreiben

1 Schreibe die Geschichte.
Tipp: Das erste Wort ist großgeschrieben.
Nach dem letzten Wort steht ein Punkt.

Glück gehabt

Es | Winter. | ist

Anna und Niko | mit Waldi | am See. | spielen

Niko | ein Stöckchen. | wirft

sucht | Waldi | auf dem Eis. | das Stöckchen

Er | in das Eis | bricht | ein.

Die Kinder | wollen | retten. | Waldi

mit dem Schal | Sie | Waldi

aus dem Wasser. | ziehen

Anna und Niko | glücklich. | sind

Wir – Du – Ich: Kennst du mich?

1 Menschen sind verschieden.
Schau dir das Bild an. Erzähle.

2 Wie können Menschen sein? Unterstreiche.

alt	jung	salzig	groß	klein
arm	traurig	fröhlich	eckig	wütend

3 Lies die Sprechblasen. Wie sieht Mia aus?

4 Spielt das Ratespiel. Beschreibt ein Kind aus eurer Klasse.

Adjektive

Adjektive beschreiben Nomen genauer (Wiewörter).
Wie ist jemand? Wie ist etwas?
Adjektive schreiben wir klein: Die Hose ist braun.

Adjektive

❶ Lies den Text. So beschreibt sich Mia.

❷ Unterstreiche die Adjektive.

Ich heiße Mia Hummel.

Meine Haare sind lang und blond.

Meine Augen sind braun.

Mein Pulli ist rot.

Meine Hose ist blau.

❸ Male Mia aus.

❹ Wie siehst du aus?
Schreibe deinen Namen und trage passende Adjektive ein:

lang | kurz | gelb | rot | blau | grün | braun

Ich heiße ______________________.

Meine Haare sind ______________________.

Meine Augen sind ______________________.

Mein Pulli ist ______________________.

Meine Hose ist ______________________.

5 Mia stellt die anderen Kinder vor.
Trage das passende Adjektiv ein.

lustig | geschickt | sportlich | fleißig

Wali kann gut turnen.

Er ist ____________________.

Lili macht immer ihre Hausaufgaben.

Sie ist ____________________.

Malte bastelt ein Insektenhotel.

____________________.

Momo macht viele Späße.

____________________.

6 Vergleicht eure Lösungen.

Adjektive – Gefühle

① Schau dir die Bilder an. Wie fühlt sich Adem?

② Verbinde die Bilder mit dem passenden Adjektiv.

glücklich | wütend | ängstlich | traurig

③ Schreibe Sätze. Unterstreiche die Adjektive.

Adem ist wütend.

Er ist

Er

④ Spielt die Gefühle nach.

5 Welche Gefühle sind für dich gut  ?
Unterstreiche grün.

Welche Gefühle sind für dich nicht gut  ?
Unterstreiche rot.

fröhlich	hungrig	zornig
verliebt	gesund	unglücklich

6 Schreibe die Gefühle in die Tabelle.

7 Mit einer Ampel kannst du deine Gefühle zeigen. Erzähle.

8 Wie fühlst du dich heute?
Befestige deinen Namen
bei dem passenden Gesicht.

9 Wie fühlen sich die anderen Kinder?
Warum?

Aussagesatz – Streit

❶ Schau dir das Bild an. Was passiert?

❷ Warum kommt es zum Streit zwischen Mia und Wali? Verbinde.

nimmt keine Rücksicht	hält sich nicht an Regeln	macht anderen Vorwürfe	lässt andere nicht ausreden

❸ Schreibe die Sätze.

Mia nimmt keine Rücksicht.

❹ Wie können Mia und Wali in Zukunft Streit vermeiden?

Adjektive – Einen Streit klären

1 Wie fühlen sich Mia und Wali nach dem Streit?
Unterstreiche so: Mia: rot Wali: blau

wütend	traurig	zornig
ärgerlich	unglücklich	schuldig

2 Ordne die Adjektive zu und schreibe sie auf.

3 Streit ist normal. Wichtig ist, dass man den Streit klärt und sich dann wieder gut versteht. Was können Mia und Wali tun? Schreibt auf.

Mia:

Wali:

4 Besprecht eure Vorschläge in der Klasse.

Aussagesatz – Bei uns zu Hause

1 In Sinas Familie gibt es viel zu tun.
Schau dir das Bild an. Erzähle.

2 Welche Verben passen zum Bild? Kreise ein.

wischen	fahren	putzen
klatschen	bügeln	kochen

3 Schreibe die Sätze mit dem passenden Verb.

saugt | kocht | ~~wischt~~ | bügelt

Sina ⬭ Staub.

Sina wischt Staub.

Karim ⬭ den Teppich.

Mutter ⬭ die Wäsche.

Vater ⬭ eine Suppe.

4 Wie hilfst du zu Hause?

r nach Selbstlaut

1 Ein **r** nach einem Selbstlaut kannst du schlecht hören.
Sprich die Wörter deutlich und gebärde das **r**.

Würstchen

Gurke

Birnen

2 Schreibe die Sätze ab. Setze das passende Nomen ein.

Vater macht  heiß.

Sina schält eine  .

Amal schneidet  .

3 Schreibe die Wörter ab.
Unterstreiche **r** nach einem Selbstlaut.

Garten	Wort	lernen	Partner
arbeiten	turnen	schwarz	warten

Lang oder kurz?

❶ Sprich und klatsche die Nomen auf beide Arten.

❷ Schreibe die Nomen in das richtige Haus.

Muter — Mutter

Mutter hört sich richtig an.

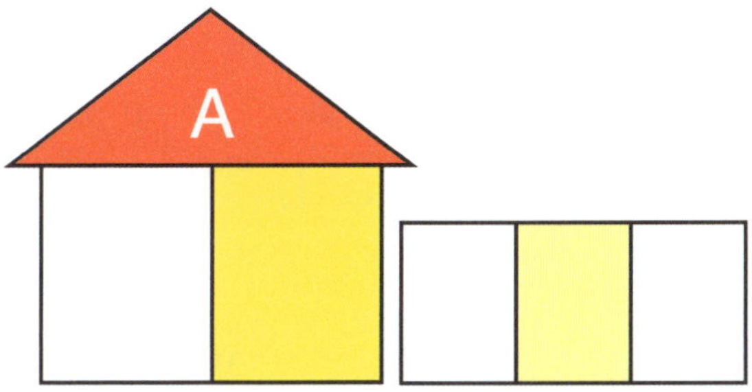

t/tt: Mu▢er

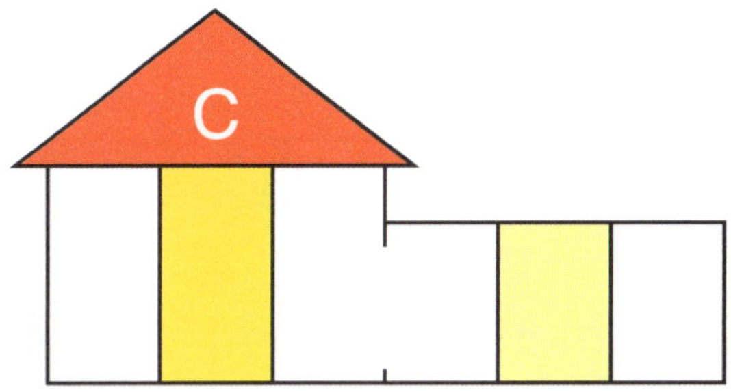

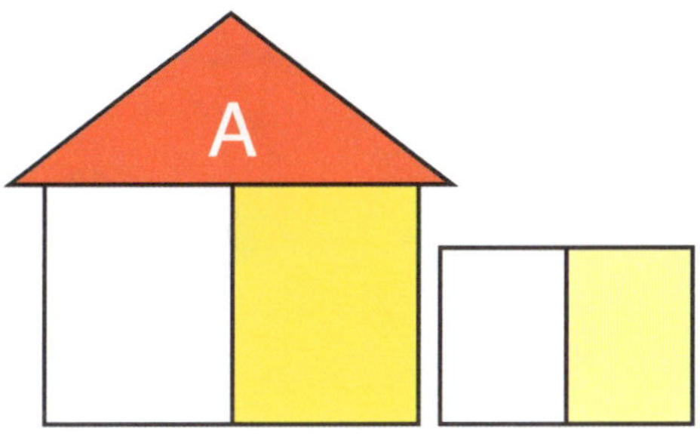

p/pp: Su▢e

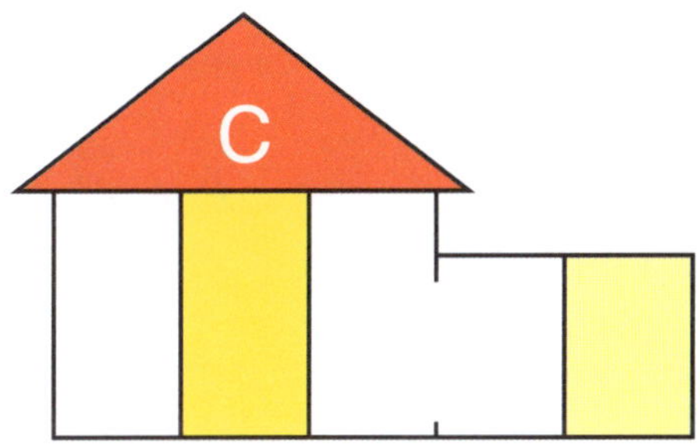

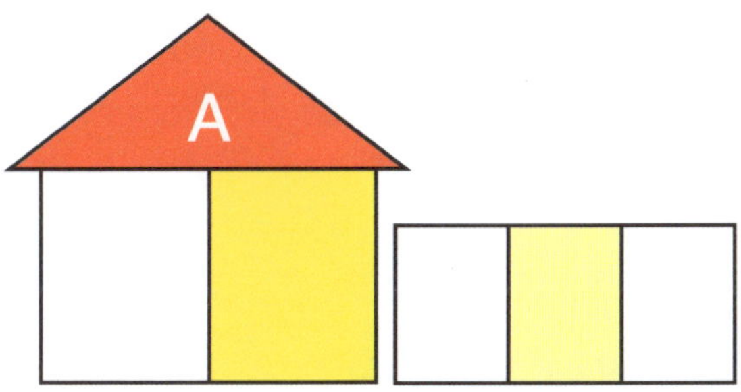

m/mm: Zi▢er

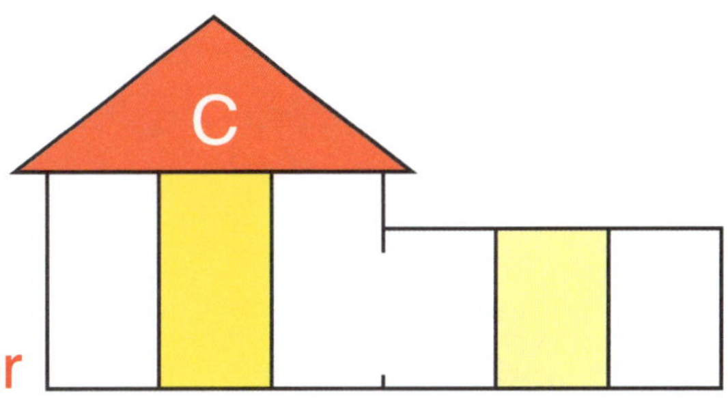

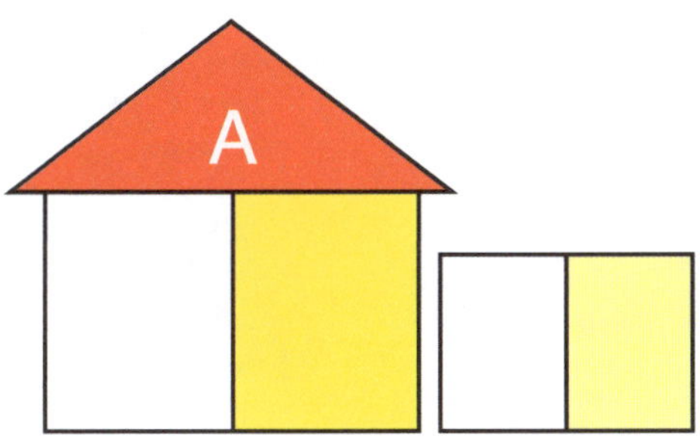

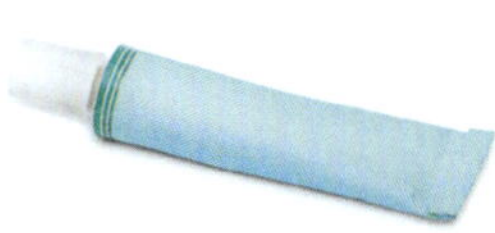

b/bb: Tu▢e

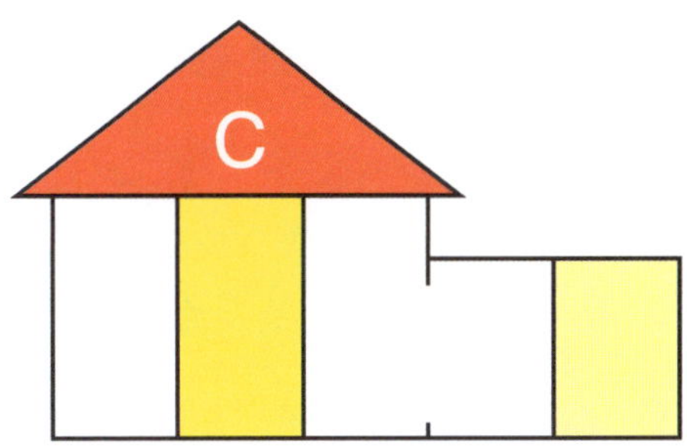

Wörter mit ß

1 Was reimt sich? Schreibe die Reimwörter auf.

weiß | ~~Gruß~~ | reißen

Fuß – Gruß

heißen –

heiß –

2 Schreibe zu jedem Adjektiv das gegensätzliche Adjektiv.

heiß | ~~groß~~ | süß | weiß

klein – groß

kalt –

schwarz –

sauer –

3 Kreise die Wörter so ein:

Nomen: gelb   Verben: grün   Adjektive: braun

Straße	heißen	groß
beißen	weiß	Fuß

4 Ordne die Wörter zu und schreibe sie auf.

Nomen	Verben	Adjektive
Straße		

5 Unterstreiche ß. Schreibe die Sätze ab.

Die Kinder sind draußen.

Sie spielen Fußball.

Der Ball rollt auf die Straße.

Partnerdiktat

1 So schreibt ihr ein Partnerdiktat.

Lies deinem Partnerkind zuerst den ganzen Satz vor. Diktiere bis zum Strich / und mache eine Pause.

Nun diktiert dir dein Partnerkind die Sätze. Sprich die Wörter leise in Silben mit.

Tauscht die Hefte.
Überprüft und unterstreicht die Fehler.

Tauscht eure Hefte wieder.
Verbessert.

2 Lest die Sätze. Wer diktiert zuerst?
Schreibt die Sätze als Partnerdiktat.

1. Bei uns / zu Hause

2. Mutter bügelt.

3. Mein Bruder / saugt.

4. Ich wische / Staub.

5. Ich räume / mein Zimmer auf.

Ausschneideblatt zu Seite 74

1. Schneide an der gestrichelten Linie durch.

2. Schneide dann die Bilder einzeln aus.

ABC der Tiere

Spracharbeitsheft 2

Teil B

Kompakt

Herausgegeben von
Klaus Kuhn

Neu erarbeitet von
Mareike Hahn, Klaus Kuhn, Kerstin Mrowka-Nienstedt

Illustriert von
Bogumila und Frank Bayer, Katrin Kerbusch u. a.

Name: ______________________

Klasse: ______________________

Mildenberger

Inhalt — Teil A

Wieder in der Schule

Rund um das Abc

Im Wald und auf dem Feld

Bei uns und anderswo

Durch das Jahr

Wir – Du – Ich: Kennst du mich?

Inhalt — Teil B

Märchenhafte Welten

Natur erleben und entdecken

● Sprechen und Zuhören ● Schreiben ● Richtig schreiben ● Lesen – mit Texten und Medien umgehen ● Sprache und Sprachgebrauch untersuchen

Inhalt

Natur erleben und entdecken

Rund um Bücher und Medien

Tiere als Freunde

Fantasie und Wirklichkeit

Die Symbole bedeuten

- Schreibe mit zwei Farben.
- Verwende Farben.
- Schreibe in dein Heft.
- Sprich und klatsche dazu.*
- Höre genau zu.
- Silbe – Spure mit zwei Farben nach.
- Alles Wichtige findest du in der Schatzkiste. (Nomen – Dinge haben einen Namen. Wir nennen sie Nomen. Nomen schreiben wir groß.)
- ③ Zusatzaufgabe
- Klassengespräch
- Partner- oder Gruppenarbeit
- Rollenspiel
- Ich – Du – Wir
- Über Lernen sprechen
- Sprache untersuchen / ein Rechtschreibgespräch führen

Aufgaben zur Medienkompetenz

* Rhythmisiertes Sprechen und Klatschen der Kontrastpaare als Grundlage zur richtigen Schreibung der doppelten Mitlaute

** Die Aufgaben orientieren sich an den Anforderungsniveaus der Bildungsstandards und Lehrpläne der Bundesländer

❶ Aufgaben** im
- • Anforderungsbereich 1
- •• Anforderungsbereich 2
- ••• Anforderungsbereich 3

Märchenhafte Welten

Kikeriki, unsere Goldmarie ist wieder hie!

Sesam, öffne dich!

(1)

Ach, gib mir etwas zu essen, ich bin so hungrig!

1. Schau dir die Bilder an. Lies die Märchensprüche.
2. Kennst du die Märchen? Erzähle.
3. Ordne den Bildern den passenden Märchentitel zu.

(1) Sterntaler	(2) Rotkäppchen
(3) Frau Holle	(4) Schneewittchen
(5) Hänsel und Gretel	(6) Ali Baba

Spieglein, Spieglein
an der Wand,
wer ist die Schönste
im ganzen Land?

Großmutter, warum hast du
so große Augen?

Knusper, knusper, knäuschen,
wer knuspert
an meinem Häuschen?

4 Märchenfiguren haben oft gegensätzliche Eigenschaften.
Verbinde die gegensätzlichen Adjektive.

gut	fleißig	schön	arm	dick
faul	böse	dünn	hässlich	reich

5 Welche Märchenfiguren haben diese Eigenschaften?

Adjektive

1 Im Märchen „Frau Holle“ wird Goldmarie belohnt.
Trage das passende Adjektiv ein.

fleißige | goldenen

Frau Holle belohnt die Tochter.

Frau Holle belohnt die fleißige Tochter.

Die fleißige Tochter bekommt die Taler.

Die fleißige Tochter bekommt die ________ Taler.

Adjektive

Adjektive beschreiben Nomen genauer.
Sie können zwischen Artikel und Nomen stehen.
die fleißige Tochter

2 Pechmarie wird von Frau Holle bestraft.
Trage das passende Adjektiv ein.

faule | schwarze

Frau Holle bestraft die Tochter.

Frau Holle bestraft die ______ Tochter.

Die faule Tochter bekommt das Pech.

Die faule Tochter bekommt das ______ Pech.

3 Was denken die Töchter über Frau Holle?
Trage das passende Adjektiv ein. gute | böse

Frau Holle ist eine ______ Frau.

Frau Holle ist eine ______ Frau.

Adjektiv-Probe

1 So findest du Adjektive.

1. Schritt	2. Schritt	3. Schritt
Beantwortet das Wort die Frage: • Wie ist jemand? • Wie ist etwas?	Kann ich das Wort zwischen Artikel und Nomen setzen? das kleine Kind	Gibt es ein gegensätzliches Wort? klein – groß

2 Trage die Adjektive ein.

alte | alt | ~~neu~~ | leichte | schwer | leicht

Das Auto ist neu.

Das Auto ist ________.

Das ________ Auto fährt nicht.

Der Stein ist ________.

Die Feder ist ________.

Die ________ Feder fliegt.

3 Schreibe die Sätze ab.

Sätze umstellen

1 Sätze können wir umstellen.

Manche Wörter bleiben zusammen.

Das Mädchen | geht | über die Wiese.

Das Mädchen
geht
über die Wiese.

Über die Wiese
geht
das Mädchen.

2 Trage den Satz ein. Stelle den Satz danach um.

Am Baum | hängen | viele Äpfel.

Satztreppen

❶ Wohin rückt das letzte Wort in der Treppe?

Goldmarie

geht

über die Wiese,

über die große Wiese,

Wiese ist das Treppenwort. Das Treppenwort schreibe ich groß.

❷ Trage den Satz ein und erweitere mit dem Adjektiv.

Am Baum | hängen | die Äpfel.

roten

❸ Schreibe den Satz als Treppe auf.

Frau Holle | schüttelt | das Kissen.

weiche

Großschreibung

❶ Lies den Text. Was fällt dir auf?

❷ Satzanfänge und Nomen schreiben wir groß.
Unterstreiche die Nomen und verbessere.

D T
die faule tochter springt in den brunnen.

sie geht am heißen ofen vorbei.

sie hört nicht auf den apfelbaum.

sie schüttelt das kissen nicht.

❸ Schreibe den Text richtig.

Nachsilbe -chen

1 Bei den Zwergen ist alles klein. Erzähle.

2 Welche Nomen findest du auf dem Bild? Kreuze an.

- ☐ Tellerchen
- ☐ Becherchen
- ☐ Bettchen
- ☐ Messerchen

3 Schreibe die Nomen mit der Nachsilbe **-chen** auf.

 der Teller – ● das Tellerchen

 der Becher – ●

 das Messer – ●

 die Tür – ●

 das Bett – ●

Nachsilbe -chen

An Nomen können wir die Nachsilbe **-chen** anhängen.
Der Artikel in der Einzahl ist immer ● **das**.
der Teller – das Tellerchen

Nachsilbe -chen – Umlaute

Nachsilbe -chen

Bei Nomen mit der Nachsilbe **-chen** wird aus:

a → ä   au → äu
o → ö   u → ü

1 Schreibe die Nomen mit der Nachsilbe **-chen** auf.

a → ä	
Glas –	Gläschen
Sack –	
Hand –	
Schaf –	

au → äu	
Maus –	Mäuschen
Faust –	
Baum –	
Haus –	

o → ö	
Brot –	Brötchen
Tor –	
Topf –	
Kopf –	

u → ü	
Hut –	Hütchen
Uhr –	
Stuhl –	
Hund –	

Wörter mit Ei/ei

1 Sprich die Wörter und gebärde **ei**.
Trage Ei ei ein.

 S_____fe	 _____s	 St_____ne	 _____mer
 R_____ter	 L_____ter	 S_____le	 M_____se

2 Schreibe die Nomen mit dem bestimmten Artikel auf.

3 Trage ei ein. Schreibe die Wörter.

sch_____nen b_____ r_____ten

äu oder eu?

1 Welche Wörter gehören zusammen? Verbinde.

Käufer	Traum
Räuber	Raum
träumen	kaufen
aufräumen	rauben

äu oder **eu**?
Ich schreibe ein Wort mit **äu**, wenn es ein verwandtes Wort mit **au** gibt.

2 Schreibe die Wörter auf. Unterstreiche **äu** und **au**.

äu		**au**
Käufer	–	kaufen
	–	
	–	
	–	

3 äu oder eu ? Trage ein.

F____er

sch____men

n____n

L____fer

Natur erleben und entdecken

❶ Schau dir das Bild an. Erzähle.

❷ Suche die Wörter im Bild. Trage die Nummern ein.

(1) Kuckuck	(2) Gartenarbeit	(3) Blumen
(4) Bienen	(5) Maulwurfshügel	(6) Ostereier

❸ Was machst du im Frühling?

④ Bilde Sätze. Schreibe die Sätze auf.

Die Kinder	hören spielen	den Kuckuck. auf der Wiese.

Die Kinder

Ein Elfchen schreiben

1. Lies die Gedichte über den Frühling laut.

2. Zähle bei jedem Gedicht die Wörter.

   Es sind immer ____ Wörter.

3. Warum heißen diese Gedichte Elfchen? Vermute.

warm
der Frühling
die Sonne scheint
ich fahre gern Rad
toll!

bunt
die Frühlingswiese
grün und gelb
ich pflücke einen Blumenstrauß
schön!

herrlich
der Frühling
überall ist er
ich will draußen spielen
endlich!

Elfchen

Elfchen sind Gedichte mit fünf Zeilen.
Die Gedichte bestehen aus elf Wörtern.

4 So kannst du ein Elfchen schreiben.

1. Zeile – 1 Wort:	Adjektiv
2. Zeile – 2 Wörter:	Nomen mit Artikel
3. Zeile – 3 Wörter:	Wie ist es? Wo ist es? Was geschieht?
4. Zeile – 4 Wörter:	Satz, der mit „ich“ anfängt
5. Zeile – 1 Wort:	Schluss: Ausruf!

5 Schreibe ein Elfchen über den Frühling.

6 Lies dein Elfchen in der Klasse vor.

Zusammengesetzte Nomen

1 Bilde zusammengesetzte Nomen.
Verbinde immer zwei passende Bilder.

Löwen

Kreuz

Regen

Vogel

Spinne

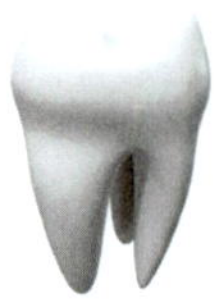
Zahn

Haus

Bogen

2 Schreibe das zusammengesetzte Nomen mit Artikel
zu dem passenden Bild.

der Löwenzahn

3 Zusammengesetzte Nomen können wir zerlegen.

● die Tisch|decke

● der Tisch — ● die Decke

4 Aus welchen Nomen bestehen die zusammengesetzten Nomen?

Trenne die einzelnen Nomen durch einen Strich.

Schreibe die Nomen mit Artikel.

● das Haustier

● ______ ● ______

● die Handtasche

● ______ ● ______

● der Regenschirm

● ______ ● ______

Eine Bastelanleitung schreiben

1 Die Klasse will bunte Eier basteln.
Was brauchen die Kinder? Erzähle.

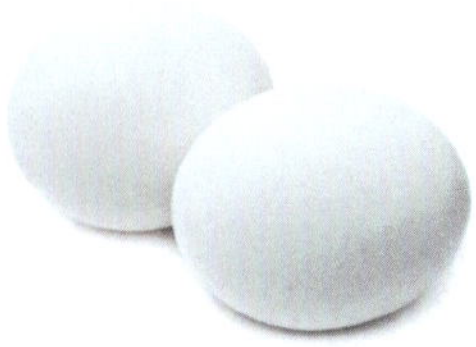

ausgeblasene Eier

Seidenpapier

Wasser

Streichhölzer

Faden

2 Was brauchen die Kinder? Schreibe auf.

- ausgeblasene Eier
-
-
-
-

③ Was machen die Kinder? Trage die Nummern ein.

Ich klebe die Papierstücke an das Ei.

Ich reiße das Seidenpapier in kleine Stücke.

Ich tauche die Stückchen in das Wasser.

④ Was machen die Kinder? Schreibe die Sätze in der ich-Form.

Ich reiße

Eine Bastelanleitung schreiben

1 Am nächsten Tag ist das Seidenpapier trocken.
Was machen die Kinder? Trage die Nummern ein.

◯ den Faden um ein Streichholz binden	◯ das Streichholz in das bunte Ei stecken	◯ das trockene Seidenpapier vom Ei lösen

2 Bilde Sätze in der ich-Form. Schreibe die Sätze auf.

Ich löse

Ich

3 Bastle selbst bunte Eier.

Erzähl- und Schreibanlass: Vorgangsbeschreibung, Sätze in der ich-Form
Tipp beim Eierbasteln: alte Kleider anziehen und Zeitungspapier auf den Tischen auslegen

Eine Bastelanleitung schreiben

1 Schau dir die Bilder an.
Schreibe eine passende Überschrift.
Schreibe die Sätze in der ich-Form.

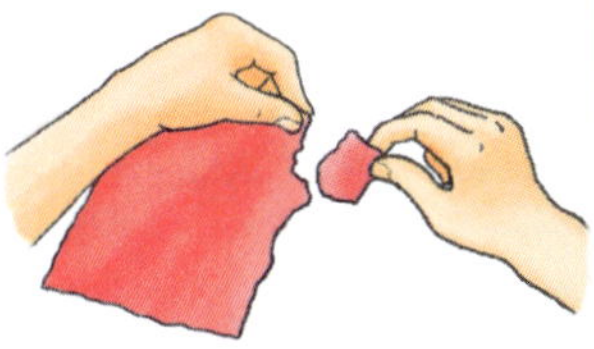

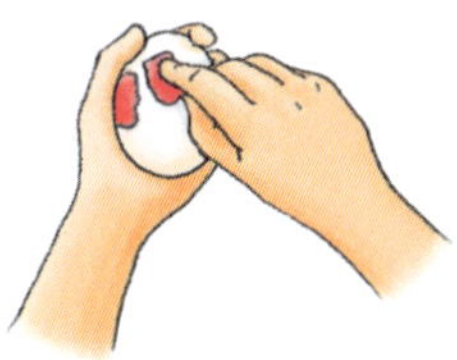

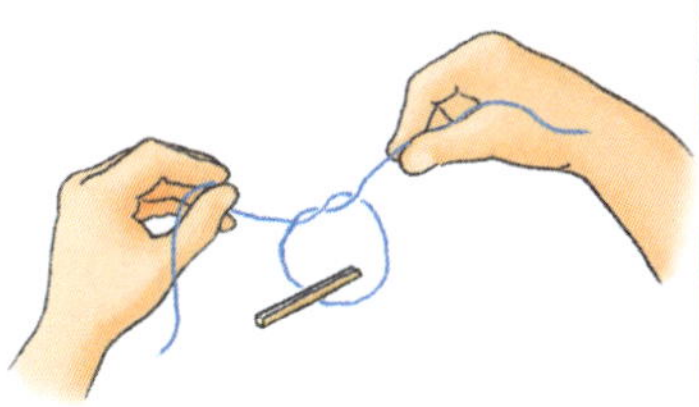

Genau beschreiben

1 Wo finden Samira und Malte die Ostereier? Erzähle.

2 Trage das passende Wort ein.

vor | neben | auf | unter | ~~hinter~~

Das grüne Ei liegt hinter dem Stuhl.

Das gelbe Ei liegt ______ der Mauer.

Das blaue Ei liegt ______ der Bank.

Das braune Ei liegt ______ dem Eimer.

Das lila Ei liegt ______ dem Ball.

Sätze umstellen

1 Wo sind die Tiere? Erzähle.

2 Bilde Sätze und schreibe sie auf. Stelle die Sätze danach um.

die Amseln	sitzen	im Nest
die Kaninchen	hocken	unter dem Busch
die Enten	schwimmen	auf dem Teich

Die Amseln sitzen im Nest.

Im Nest

Aufforderungssatz

❶ Malte möchte Bohnen stecken.
Was soll Malte tun? Lies die Sätze.

❷ Kreise die Verben am Satzanfang und die Ausrufezeichen ein.

Aufforderungssatz
Nach Aufforderungen steht ein Ausrufezeichen **!**

❸ Schreibe die Aufforderungssätze.

Fülle

Beobachtungen beschreiben

1 Schau dir die Bilder an. Erzähle.

2 Ordne die Texte den Bildern zu. Trage die Nummern ein.

◯	◯	◯	◯
die Pflanze blüht	die Wurzeln erscheinen	die Blätter wachsen	die Bohnen entwickeln sich

3 Bilde Sätze. Schreibe die Sätze.

Zuerst erscheinen

Dann wachsen

Nun

Zuletzt

i oder ie?

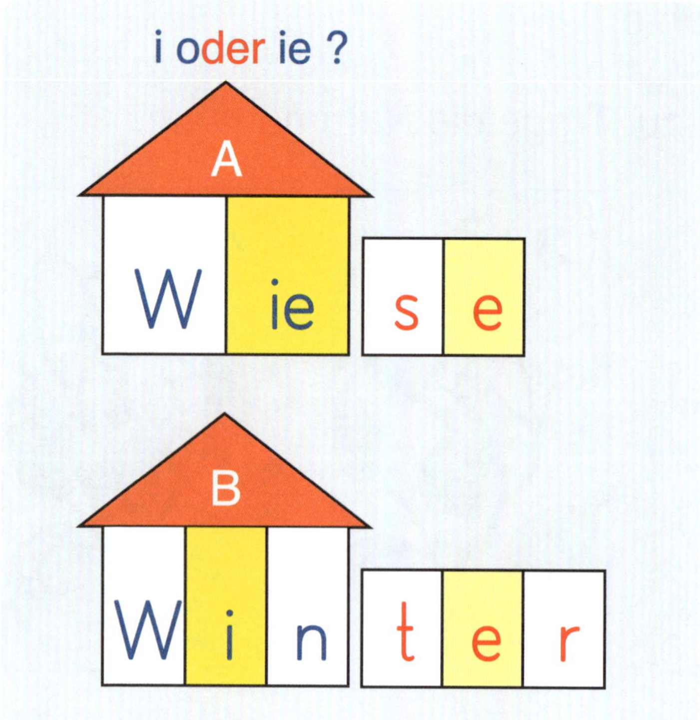

Ich schreibe **ie**, wenn kein Stopper folgt.

1 Warum schreiben wir **Wiese** mit **ie**?
Warum schreiben wir **Winter** mit **i**?

2 i oder ie? Schreibe die Wörter in die richtige Spalte.

Br__fe	b__nden	kr__chen	tr__nken
T__nte	l__gen	K__nder	R__se

Wörter mit i	Wörter mit ie
binden	

3 i oder ie? Wie entscheidest du bei einsilbigen Wörtern?

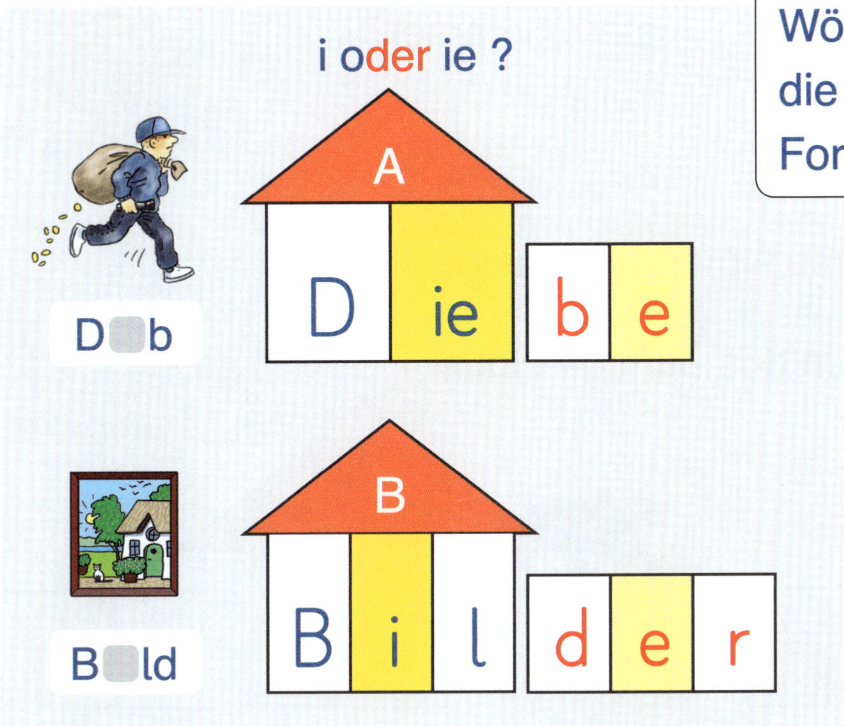

4 i oder ie? Schreibe zuerst die Mehrzahl, dann die Einzahl.

 St▢r — Stiere → Stier

 S▢b — →

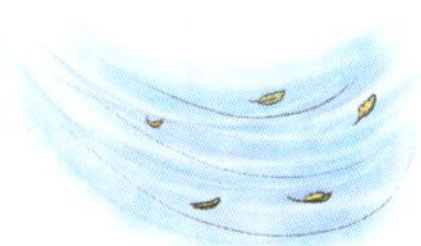 W▢nd — →

 K▢nd — →

 Sp▢l — →

Lang oder kurz – i oder ie?

Wörter mit **ie** stehen immer in Haus A.

Wörter mit doppeltem Mitlaut stehen immer in Haus C.

❶ Sprich und klatsche die Nomen auf beide Arten.

❷ Schreibe die Nomen in das richtige Haus.

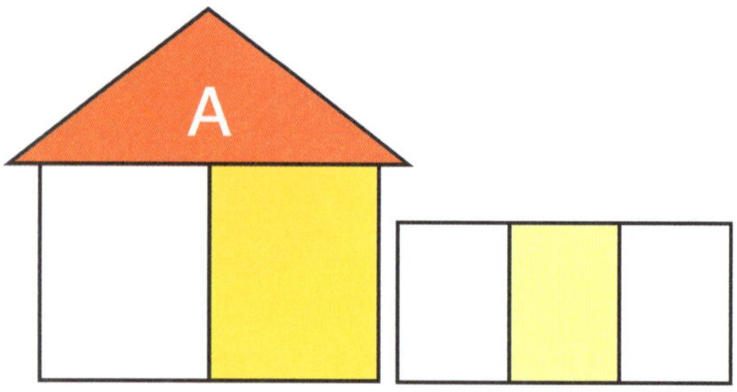

H_mmel

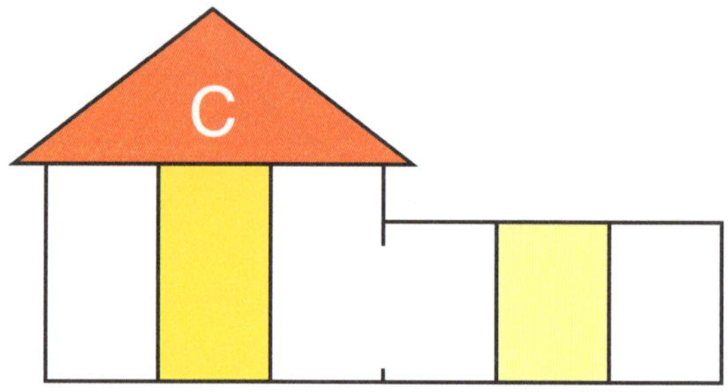

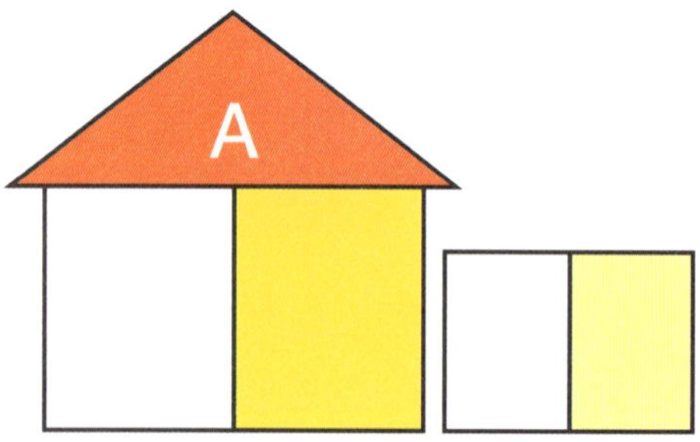

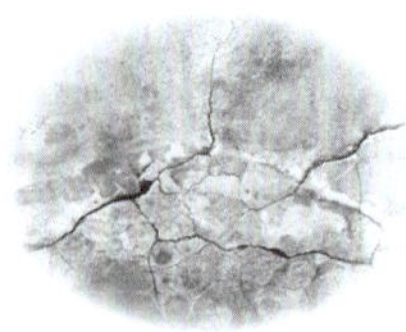

R_sse

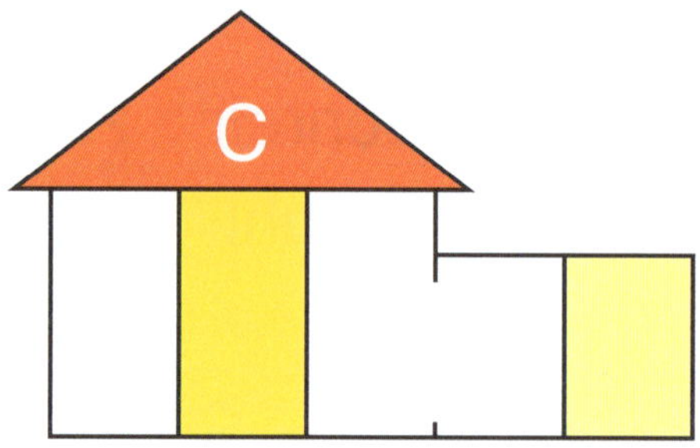

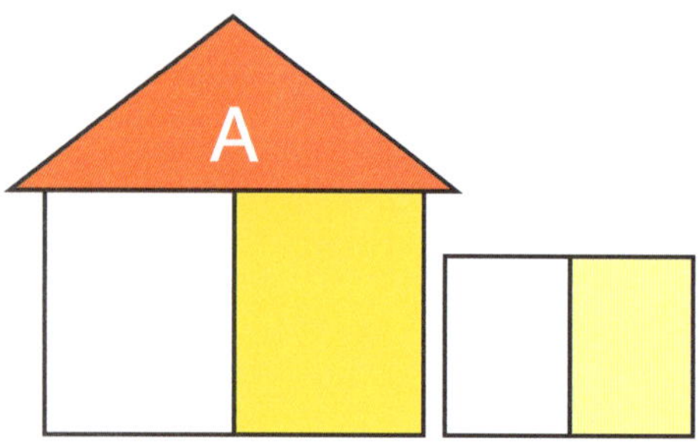

Z_ge

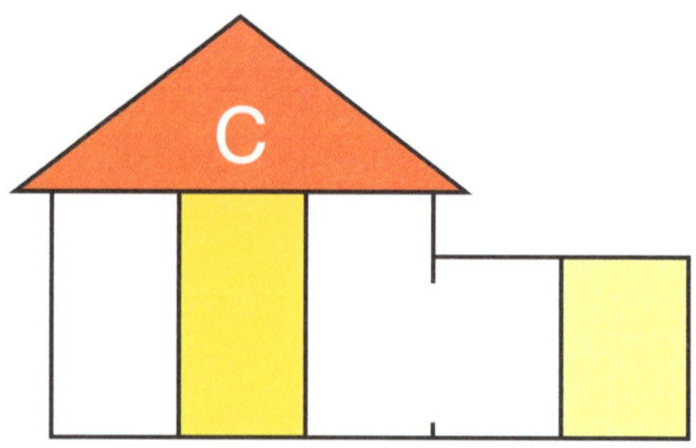

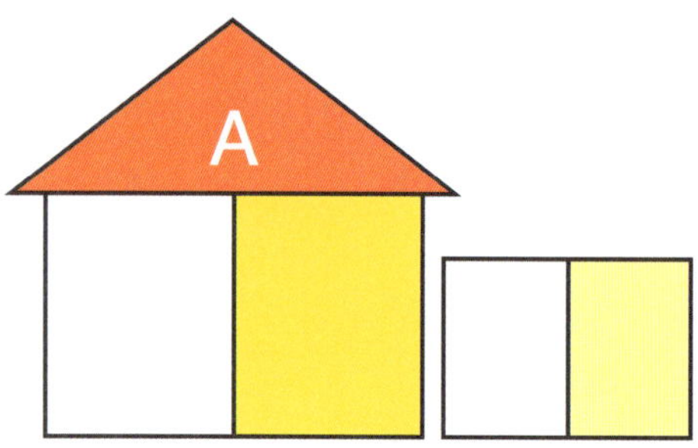

W_se

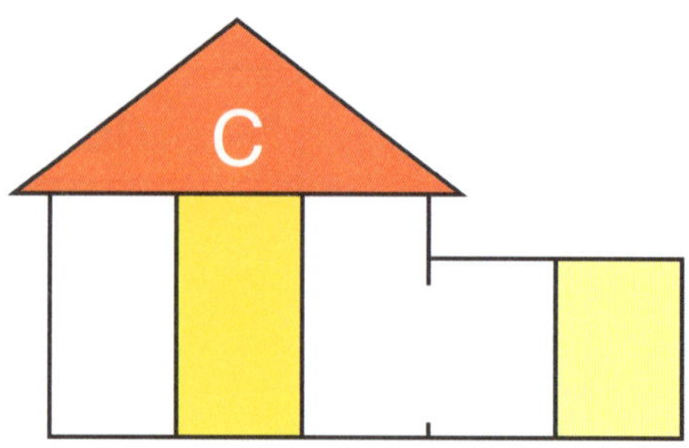

Wörter mit ch

1 Lies den Steckbrief. Erzähle.

Die Eulen

- leben in Kirchtürmen und Scheunen
- schlafen am Tag
- sind in der Nacht wach
- haben weiche Federn
- jagen kleine Beutetiere
- spucken rundliche Gewölle mit Knochen aus

2 Unterstreiche alle Wörter mit **ch**.

3 **ch** kann wie in **Milch** oder wie in **Buch** klingen.
Lies die Wörter laut. Wie klingt **ch**?

4 Schreibe die Wörter mit **ch** in die richtige Spalte.

ch wie in Milch	ch wie in Buch
Kirchtürmen	Nacht

5 Schreibe weitere Wörter mit **ch**.

Stichwörter schreiben

Die Klasse will Insekten schützen.

1 Wie wollen die Kinder den Insekten helfen?

2 In jeder Sprechblase gibt es ein wichtiges Wort.
Schreibe die Stichwörter auf.

Mauern

Einen Vorgang beschreiben

1 Die Kinder und die Eltern legen eine Wiese an.
Schau dir die Bilder an. Erzähle.

2 Schreibe Sätze.

Die Mutter | den Boden. | lockert

die Erde | machen | platt. | Die Kinder

säen | Die Kinder | Samen.

Das Kind | die Samen. | gießt

Nomen

❶ Auf der Wiese gibt es viele Tiere und Pflanzen.
Kennst du die Namen?

ne
Spin

wen Lö
zahn

hüp fer
Gras

Dis
tel

cke
Schne

ser
Grä

ling ter
Schmet

sel nes
Brenn

❷ Schreibe die Nomen in die richtige Spalte.

Tiere	**Pflanzen**
Spinne	

③ Welche Tiere und Pflanzen auf der Wiese kennst du noch?

Einfache Sätze bilden

1 Was machen die Tiere auf der Wiese? Verbinde.

Schmetterlinge	springen	Netze
Spinnen	flattern	kleine Blätter
Schnecken	bauen	durch die Luft
Grashüpfer	kriechen	auf die Blätter
Raupen	fressen	über den Boden

2 Schreibe die Sätze.

Schmetterlinge

Wörter mit chs

1 Lies die Namen der Tiere laut. Wie klingt **chs**?

Dachs

Fuchs

Eidechse

Luchs

2 Trage die Namen der Tiere ein.

Der Dachs kommt aus seinem Bau.

Der __________ jagt kleine Tiere.

Der __________ läuft über die Felder.

Die __________ sonnt sich.

3 Trage das passende Wort ein.

wachsen | sechs

Der Würfel zeigt __________ Punkte.

Die Bohnen __________ schnell.

Wörter mit chs

In manchen Wörtern hören wir **x**, schreiben aber **chs**.
Diese Wörter musst du dir merken.

Aufnahme-Diktat

1 So schreibst du ein Aufnahme-Diktat.

Nimm den Text mit einem Aufnahmegerät (Computer, Handy, Tablet ...) auf.
Lies laut bis zum Strich / .

Sage bei jedem Strich „Stopp“.
Zähle leise bis drei. Lies dann weiter.
Lies so den ganzen Text.

Spiele nun die Aufnahme bis „Stopp“ ab.
Schreibe in dein Heft.
Schreibe so den ganzen Text.

Überprüfe und unterstreiche die Fehler.
Verbessere.

2 Schreibe den Text als Aufnahme-Diktat.

Im Frühling /

Viele Tiere / sind / auf der Wiese. /

Bunte Schmetterlinge / flattern / durch die Luft. /

Schnecken kriechen / über den Boden. /

Füchse laufen / über die Felder.

Rund um Bücher und Medien

1 Schau dir das Bild an. Erzähle.

2 Welche Medien sind digitale Medien? Kreuze an.

3 Es gibt viele verschiedene Bücher.
Bilde zusammengesetzte Nomen.

● Märchen		das Märchenbuch
● Tier	● Buch	
● Bilder		

Medientagebuch

Das ist Saras Medientagebuch.

Mein Medientagebuch von: Sara

Mediennutzung in Minuten

	Mo	Di	Mi	Do	Fr	Sa	So
Computer/ Tablet	25		20		40		25
Spiele-konsole		30		15	20		
Fernseher	25		20	30		55	20
Buch/ Zeitschrift	20	30	15	30	45		40

1 Welche Medien nutzt Sara?
Was nutzt Sara am meisten?
Was nutzt Sara am wenigsten?

2 Schreibe eine Woche lang dein eigenes Medientagebuch.

3 Welche Medien nutzt du? Wie lange?

Medien	**Zeit in Minuten**

4 Warum nutzt du die Medien?

Wörter mit V/v

❶ Lies die Wörter mit **V**. Wie klingt **V**?

❷ Lies die Wörter laut.
Klingt **V** wie **F**? Dann kreise (V) rot ein.
Klingt **V** wie **W**? Dann kreise (V) blau ein.

(V)ogel	(V)ase	vier	November
brav	Vulkan	Vater	Vampir

❸ Schreibe die Wörter in die richtige Spalte.

(V) wie F gesprochen	(V) wie W gesprochen
Vogel	Vase

Vorsilben

1 Setze die Vorsilben mit dem Verb zusammen.

ab — stellen

abstellen

weg — stellen

auf — stellen

2 Trage das passende Verb ein.

Mio kann die Kiste ______________________.

Lili und Mia wollen das Schild ______________________.

Adem soll die Stühle ______________________.

Vorsilben ver- und vor-

1 Verbinde die Vorsilben mit den Verben. Schreibe auf.

	lesen	vorlesen
vor	sagen	
	singen	
	stecken	verstecken
ver	schlafen	
	reisen	

2 Trage vor oder ver ein.
Schreibe die Sätze ab.

Die Lehrerin will eine Geschichte ______lesen.

Lili darf ihr Buch ______stellen.

Die Lehrerin ______teilt Bücher.

Buchvorstellung

1 Malte stellt sein Lieblingsbuch in der Klasse vor.
Das hat er aufgeschrieben. Lies Maltes Text.

Mein Lieblingsbuch heißt:

Nils Holgersson

Die Autorin / der Autor heißt:

Selma Lagerlöf

Die Hauptfiguren im Buch sind:

Nils Holgersson, die Hausgans Martin
und die Wildgans Akka

Davon wird in meinem Buch erzählt:

Nils wird in einen Wichtel verwandelt.
Er fliegt mit den Wildgänsen nach Lappland.
Dort erleben sie viele Abenteuer.

2 Beschreibe dein Lieblingsbuch.

Mein Lieblingsbuch heißt:

Die Autorin / der Autor heißt:

Die Hauptfiguren im Buch sind:

Davon wird in meinem Buch erzählt:

3 Stelle dein Buch vor.
Lies eine interessante Stelle vor.
Beantworte die Fragen der anderen Kinder.

Einen Text überarbeiten: Satzanfänge

1. Sina erzählt ihrem Vater von dem Buch „Nils Holgersson“.
   Lies den Text laut. Was fällt dir auf?

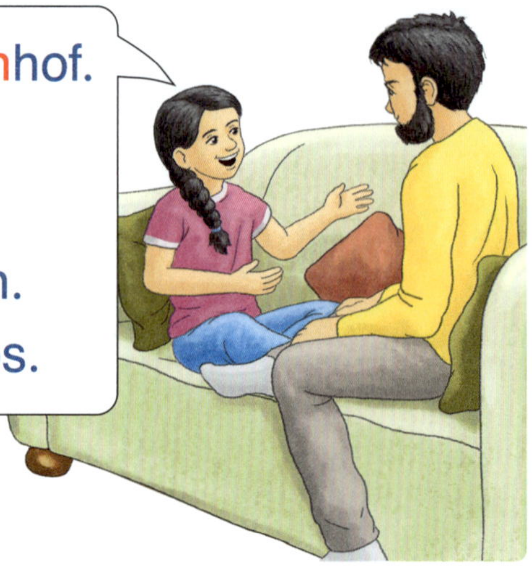

Nils Holgersson lebt auf einem Bauernhof.
Und eines Tages möchte
die Hausgans Martin wegfliegen.
Und deshalb will Nils Martin festhalten.
Und auf einmal fliegt Martin mit Nils los.

2. Überarbeite die Satzanfänge.
   Streiche „Und“ durch.

3. Schreibe die Sätze ab und lasse „Und“ weg.
   Tipp: Schreibe am Satzanfang groß.

Einen Text überarbeiten: Wortfeld „sehen“

1 Lies den Text laut. Was fällt dir auf?

Nils Holgerssons Reise nach Lappland

Nils sieht zwei Wildgänse vor sich.

Ängstlich sieht er nach unten.

Er sieht gerade noch die Häuser und Bäume.

In der Ferne sieht er das Meer.

2 Unterstreiche die Verben.

3 Was bedeuten die Verben?

beobachtet | blickt | erkennt | entdeckt

4 Schreibe den Text ab.
Ersetze **sieht** in jedem Satz durch das passende Verb aus Aufgabe 3.

Wortfeld

Wörter in einem Wortfeld haben eine ähnliche Bedeutung.
Mit ihnen kannst du etwas noch genauer beschreiben.

Computer und Tablet als Schreibhilfe

1. Wie heißen die Teile des Computers? Erzähle.

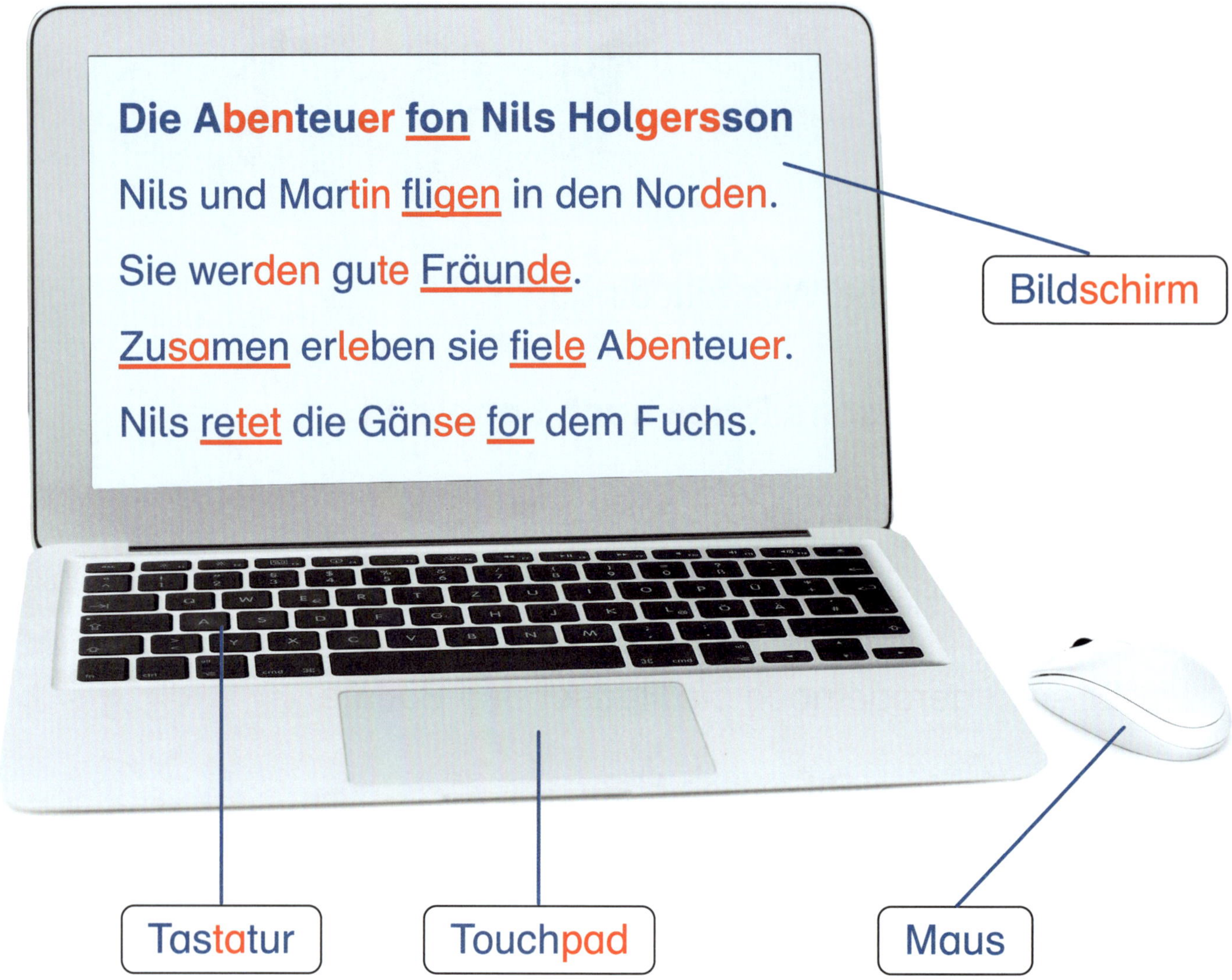

2. Lies den Text auf dem Bildschirm.
   Das Rechtschreibprogramm zeigt dir falsch geschriebene Wörter an.

3. Schreibe den Text richtig auf.
   Schlage die Wörter im Wörterbuch nach.

4. Schreibe den Text mit dem Computer oder dem Tablet ab.

5. Probiere verschiedene Schriftarten aus.

Wörter mit Besonderheiten

1 Welches Reimwort passt? Trage ein.

See | Quadrat

Ich esse gern Salat
und hüpfe im ______.

Im Winter liegt viel Schnee,
ich tanze auf dem ______.

2 Trage das passende Wort ein.

Mai | links | Zoo | Klecks

Nicht rechts, sondern ______.

Der 5. Monat heißt ______.

Viele Tiere leben im ______.

Einen Farbfleck nennt man auch ______.

3 So kannst du dir Wörter merken. Schreibe die Wörter.

______ ______

Wörter mit Sp und St

1 Sprich die Wörter. Wie klingen **Sp** und **St** am Wortanfang?

● der Spiegel

● der Stock

2 Sp oder St? Trage ein.

● ____ein

● ____inne

● ____ern

● ____iel

3 Schreibe die Nomen in die richtige Spalte.

Wörter mit Sp	Wörter mit St

Sp oder St am Wortanfang

Vor **p** und **t** sprechen wir **sch**,
wir schreiben aber **Sp** und **St**.

4 Kreise **Sp / sp** am Wortanfang ein. Sprich die Wörter.

Spange	Sport	spielen	spitzen

5 Schreibe die Reimwörter mit **Sp / sp**.

das Wort
der Sport

die Wange

sitzen

zielen

6 Kreise **St** am Wortanfang ein. Sprich die Wörter.

Straße	Stall	Stacheln

7 Trage das passende Wort mit **St** ein.

Der Igel hat viele ______.

Autos fahren auf der ______.

Der Stier steht im ______.

Lang oder kurz?

❶ Sprich und klatsche die Nomen auf beide Arten.

❷ Schreibe die Nomen in das richtige Haus.

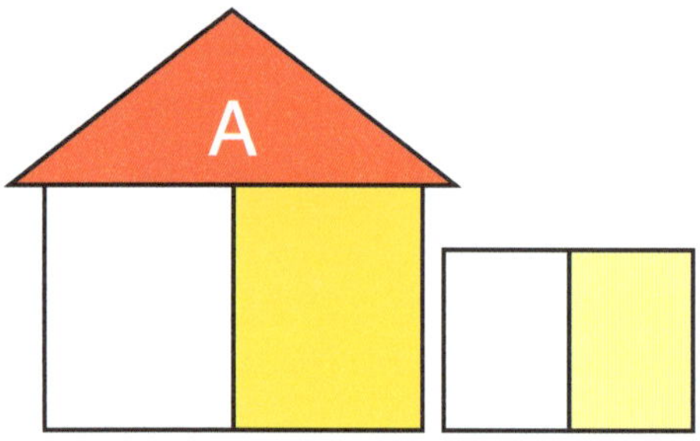

n/nn: So_e

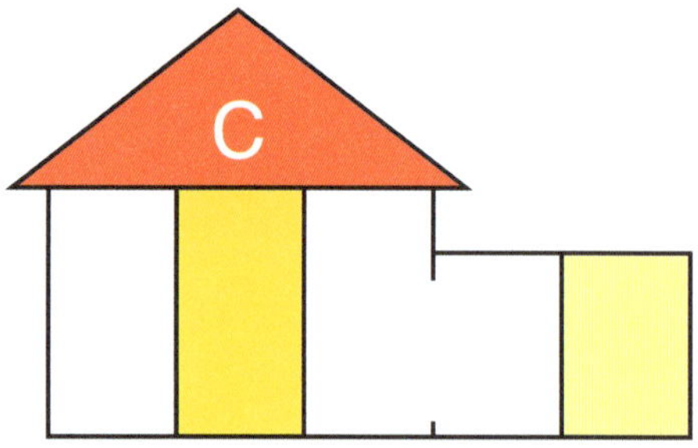

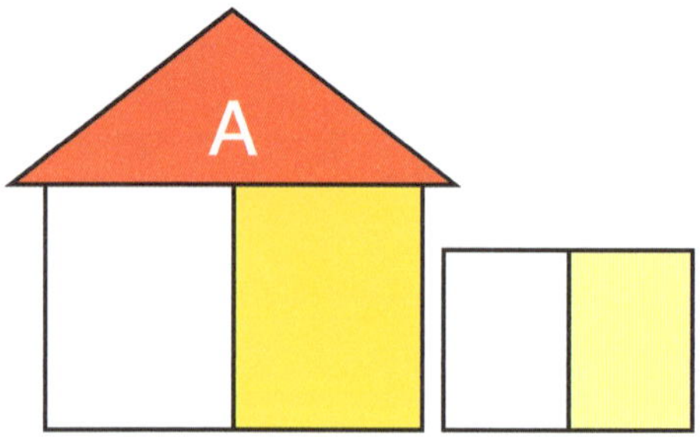

n/nn: Spi_e

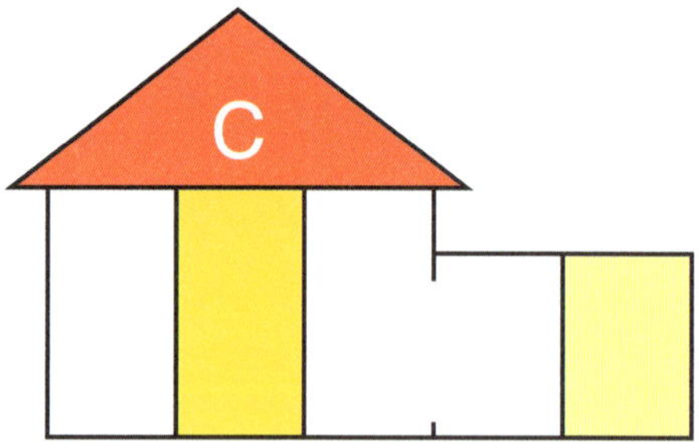

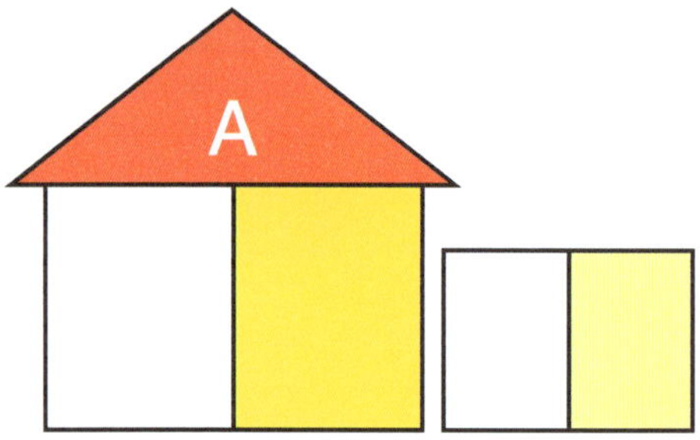

k/ck: Stö_e

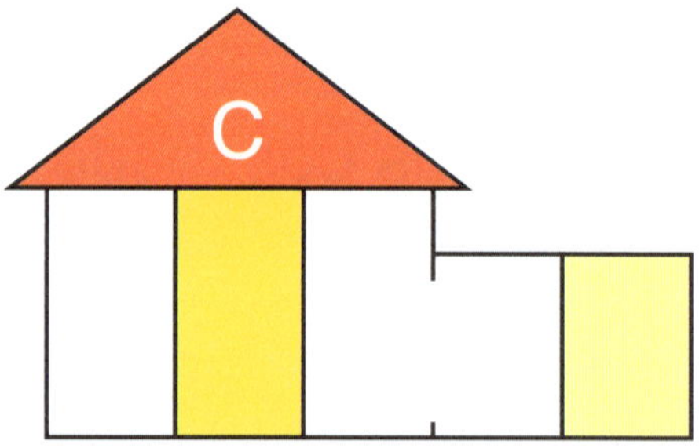

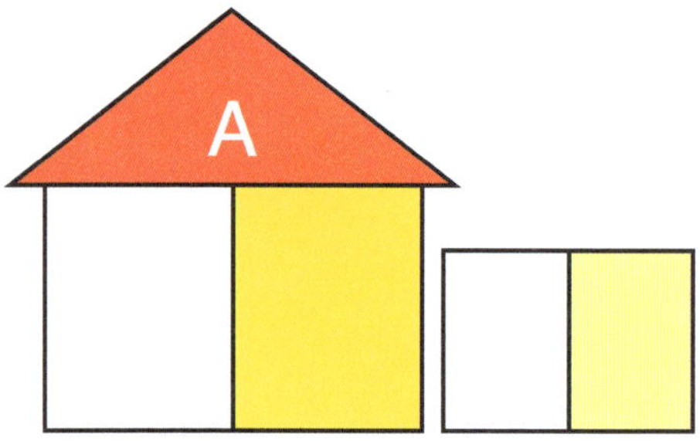

l/ll: Spie_e

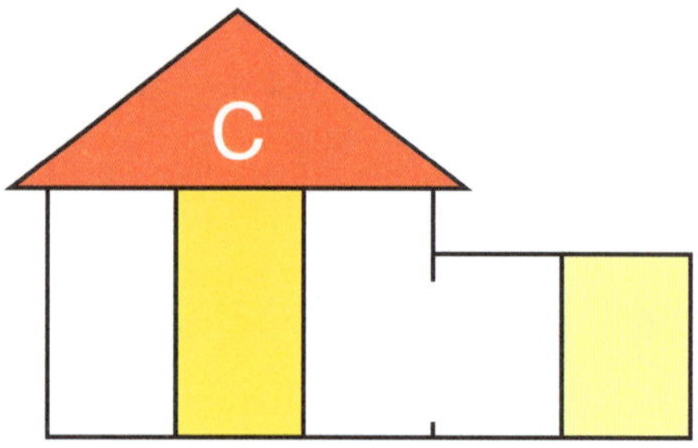

Wortrhythmus zur richtigen Schreibung der Doppelkonsonanten mit paradoxen Kontrastpaaren

Eine Bildergeschichte schreiben

1 Schneide die Bilder von Seite 95 aus und klebe sie ein.

① 

②

③

④

⑤

⑥ 

2 Erzähle die Geschichte.

3 Spielt die Geschichte.

Ich spiele Tom.

Ich spiele Toms Vater.

Eine Bildergeschichte schreiben

Was passt? Unterstreiche und trage ein.

❶ Wie ist das Wetter auf dem Bild?

Es hagelt. | Es schneit. | Es regnet. | Die Sonne scheint.

Es ____________________

❷ Wohin gehen Tom und sein Vater?

in ein Kaufhaus | in den Supermarkt | in die Bücherei

Tom und sein Vater gehen ____________________.

❸ Was machen Tom und sein Vater in der Bücherei?

blättern | lesen | schreiben

Sie ____________ in einem Buch.

❹ Was sagt Tom?

Das Buch gefällt mir! | Das Buch ist toll!

Tom sagt: „____________________“

5 Was machen Tom und sein Vater dann?

Dann kaufen sie das Buch.

Dann leihen sie das Buch aus.

6 Wie ist das Wetter jetzt?

Es schneit

Es regnet

Es hagelt

__________ immer noch.

7 Was macht der Vater?

Der Vater setzt den Hut auf.

Der Vater spannt den Schirm auf.

8 Was macht Tom?

Tom steckt das Buch in die Tasche.

Tom liest weiter in seinem Buch.

Eine Bildergeschichte schreiben

1 Wohin setzen sie sich?

auf einen Stein

auf einen Stuhl

auf eine Bank

Sie setzen sich ______________________.

2 Wie ist nun das Wetter?

Nun scheint die Sonne.

Nun regnet es nicht mehr.

____

3 Was machen Tom und sein Vater?

Sie machen den Schirm zu und lesen weiter.

Sie sitzen immer noch unter dem Schirm und lesen.

____

____

4 Warum bemerken Tom und sein Vater nicht, dass die Sonne scheint?

Lesen macht müde.

Das Buch ist so spannend.

____

5 Welche Überschriften passen nicht zu der Geschichte?
Streiche durch.

Ein Regentag	Ein langweiliges Buch
Ein Sommertag	Der Ausflug
Ein spannendes Buch	In der Bücherei

6 Welche Überschrift gefällt dir am besten? Schreibe auf.

7 Schreibe die Bildergeschichte ab.
Schreibe zuerst die Überschrift
und dann die Sätze von Seite 56 bis 58.

8 Was machst du an einem Regentag?
Schreibe auf.

Tiere als Freunde

1 Schau dir das Bild an. Erzähle.

2 Suche die Wörter im Bild. Trage die Nummern ein.

(1) Hund	(2) Pferd	(3) Kaninchen
(4) Katze	(5) Kuh	(6) Lama

3 Was ist dein Lieblingstier? Warum?

4 Welches Tier ist am beliebtesten in eurer Klasse?
Welches Tier wird am wenigsten genannt?
Macht eine Strichliste.
Besprecht das Ergebnis.

Unsere Lieblingstiere	
Katze	III
Hund	II
Kaninchen	I

Informationen sammeln, festhalten und ordnen

1 Lena und Jakob wollen einen Vortrag über den Labrador halten. Wo informieren sie sich?

2 Lena und Jakob schreiben wichtige Informationen auf. Was passt zu den Oberbegriffen? Unterstreiche mit der passenden Farbe.

Aussehen | Nahrung | Haltung | Zubehör

Training	bürsten	Knochen
Leine	Ball	Futternapf
kurzes Fell	52 cm groß	Wasser
Gassi gehen	Hundefutter	kräftiger Körper

Befragung von Fachleuten; Ordnen nach Oberbegriffen – Fachleute Aufgabe 1: Tierärztin, Hundezüchter

3 Schreibe die unterstrichenen Wörter aus Aufgabe 2 geordnet auf.

Aussehen

52 cm groß

Nahrung

Der Labrador

Haltung

Zubehör

Ein Plakat gestalten

1 Das ist Jakobs Plakat über den Labrador.

Der Labrador

Aussehen

- ist etwa 52 cm groß
- hat ein kurzes Fell
- hat einen kräftigen Körper

Nahrung

- frisst Hundefutter
- nagt gerne an Knochen
- trinkt viel Wasser

Haltung

- will viel spielen
- muss trainiert werden
- muss Gassi gehen
- muss gebürstet werden

Zubehör

- braucht einen Futternapf
- braucht eine Wasserschüssel
- spielt gerne mit dem Ball
- braucht ein Halsband und eine Leine

2 Gestalte ein Plakat über dein Lieblingstier:

- Informiere dich bei Fachleuten, in Büchern oder im Internet.
- Schreibe wichtige Wörter auf Kärtchen. Ordne die Wörter.
- Schreibe kurze Texte. Du kannst den Computer verwenden.
- Suche Fotos oder male Bilder zu deinem Tier.
- Klebe die Texte, Fotos und Bilder auf ein Plakat.

Einen Vortrag halten

1 So übt Jakob den Vortrag über den Labrador.
Lies den Text.

Jakob lernt den Text auswendig.
Dann hält er den Vortrag vor Lena:

- Jakob schaut Lena an.
- Er spricht langsam und deutlich.
- Er zeigt auf das Plakat.

Danach gibt Lena ihm Rückmeldung:

- Was hat Jakob gut gemacht?
- Was kann er besser machen?

Nun übt Jakob noch einmal.

2 Wie übt Jakob den Vortrag?

3 Übe deinen Vortrag wie Jakob:
Halte deinen Vortrag vor einem Partnerkind.
Dein Partnerkind gibt dir Rückmeldung.

Bei einem Vortrag zuhören

1. Nun hält Jakob seinen Vortrag vor der Klasse.
   Schau dir das Bild an. Erzähle.

2. Was ist wichtig beim Zuhören? Kreuze an.

- ◯ Ich bin leise.
- ◯ Ich schaue aus dem Fenster.
- ◯ Ich schaue die Sprecherin oder den Sprecher an.
- ◯ Ich lasse mich nicht ablenken.
- ◯ Ich esse mein Pausenbrot.

3. Halte deinen Vortrag vor der Klasse.
   Die anderen Kinder hören zu.

4. Sprecht über eure Vorträge.

Ich meine, dass ...

Ich habe gelernt, dass ...

Aussagesatz

❶ Schau dir die Bilder an. Was macht der Hund? Erzähle.

❷ Verstehst du die Hundesprache? Schreibe Sätze.

~~will spielen~~	ist müde	freut sich	hat Angst

Der Hund will
spielen.

Wörter mit Pf / pf

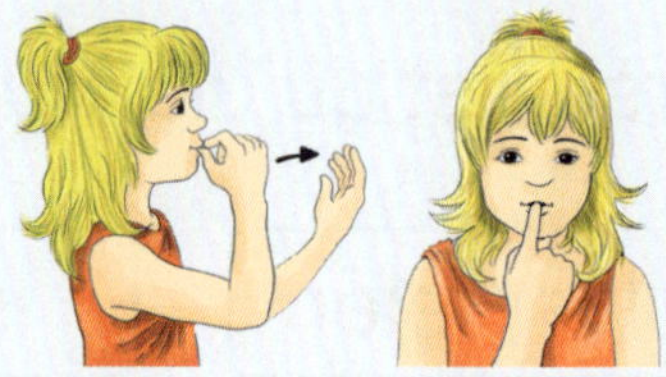

● der Pfau ● der Apfel pf

✎ **1** Sprich die Nomen deutlich und gebärde **pf**.
Trage Pf pf ein.

● _____erd

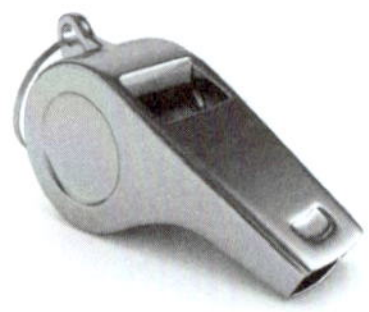
● _____eife

● _____eil

● Kno_____

✎ **2** Schreibe die Nomen in der Einzahl und in der Mehrzahl.

● das Pferd – die Pferde

● ______ – ______

● ______ – ______

● ______ – ______

3 pf oder f? Sprich die Verben deutlich. Trage pf oder f ein.

___lücken

___egen

___eifen

___liegen

___allen

klo___en

käm___en

___ahren

4 Trage das passende Verb in der er-Form ein.

Mesi ____________ Blumen.

Moritz ____________ das Zimmer mit dem Besen.

Mio ____________ an der Tür.

Mia ____________ laut.

Aisu ____________ im Judo.

Zusammengesetzte Nomen

❶ Auch Pferde können Berufe haben.
Setze die Nomen zusammen und schreibe sie.

● der Sport + ● das Pferd

● ______________________

● die Kutsche + ● das Pferd

● ______________________

❷ Welches zusammengesetzte Nomen fehlt?
Schreibe die Sätze auf.

______ zieht die Kutsche.

____

____

______ springt über Hindernisse.

____

____

Einen Text anhören

1 Schau dir zuerst die Bilder an.
Höre dir dann den Text an.

2 Höre dir den Text noch einmal an.
Beantworte die Fragen:

- Wen trifft Ben auf dem Reiterhof?
- Wie heißt Bens Lieblingspferd?

3 Lies den Text.

Ben auf dem Reiterhof

Ben ist gerne auf dem Reiterhof.
Manchmal trifft er dort Timo und Mia.

Ben kann reiten. Deshalb ist er stolz.
Das Reiten macht ihm Spaß
und es tut ihm gut.

Bens Lieblingspferd heißt Amigo.
Das ist spanisch und bedeutet Freund.

4 Warum ist Ben stolz, dass er reiten kann?

Text anhören und Informationen gewinnen, Gesprächsanlass: Menschen mit Behinderung, Tiere helfen Menschen

Wörter mit tz

❶ Was reimt sich? Ordne zu und schreibe auf.

~~Mütze~~	Satz	kratzen	sitzen

die Pfütze
die Mütze

der Platz

spitzen

platzen

❷ Schreibe alle Verben in der Grundform und in der er-Form.

spitzen – er spitzt

–

–

–

❸ Suche weitere Wörter mit **tz**.
Schreibe auf.

4 Lies den Text. Setze das passende Nomen für das Bild ein.

Meine 

Meine  heißt Mimi.

Sie will  fangen.

Auf leisen 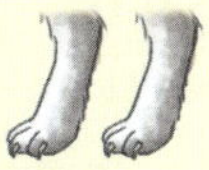 schleicht sie sich an.

Wie ein 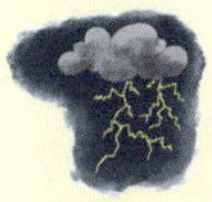 saust sie los.

Die  fliegen weg.

Blitz

Spatzen

Katze

Tatzen

5 Schreibe den Text ab. Setze die passenden Nomen ein.

Lang oder kurz?

Kaze — Katze

Katze hört sich richtig an.

❶ Sprich und klatsche die Nomen auf beide Arten.

❷ Schreibe die Nomen in das richtige Haus.

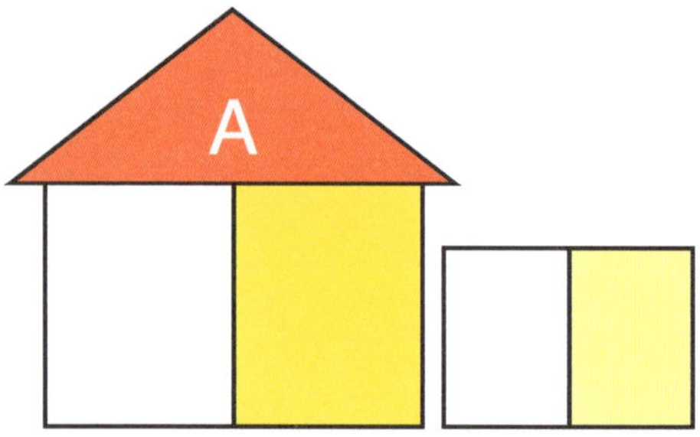

z/tz: Ka▢e

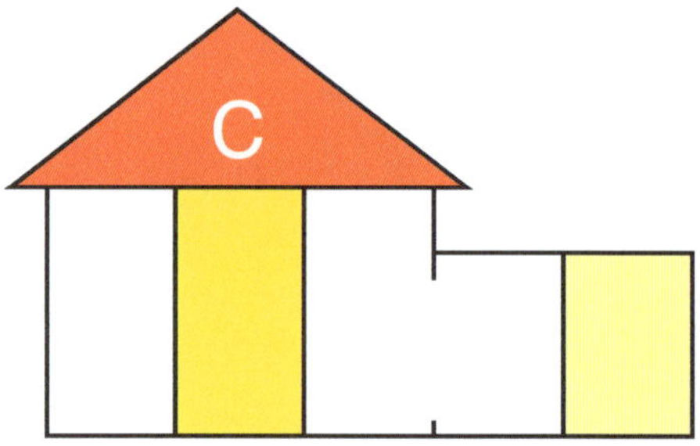

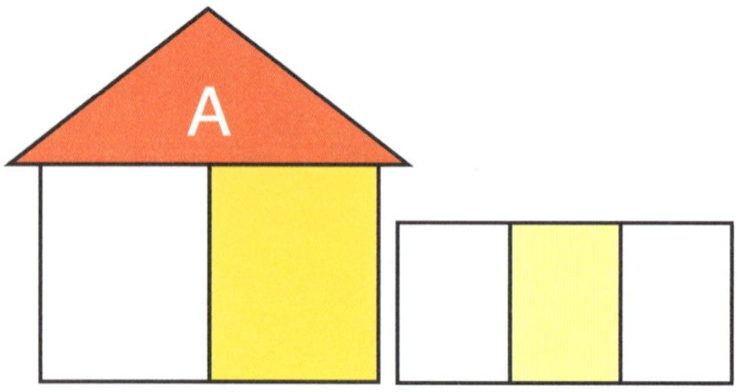

t/tz: si▢en

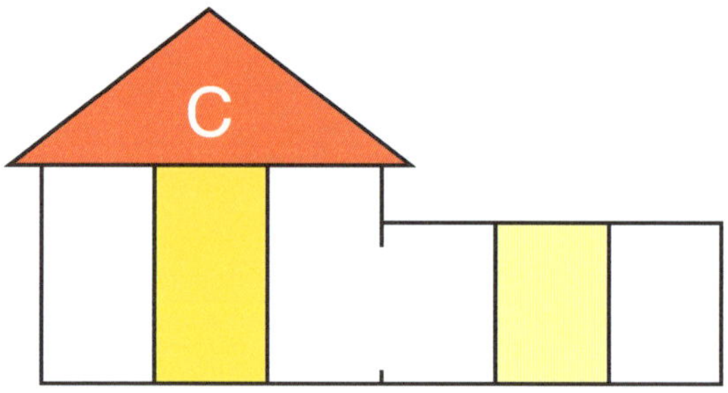

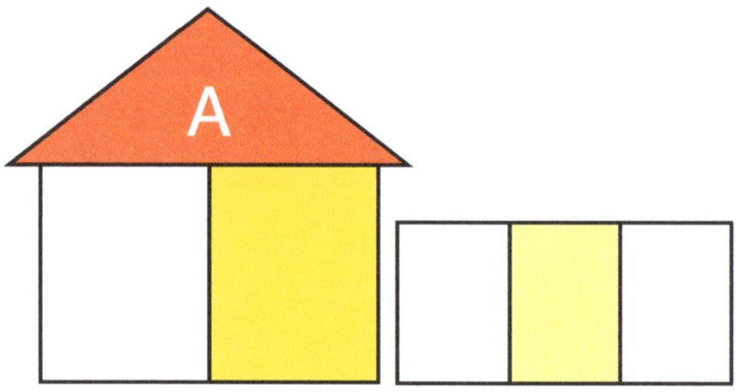

z/tz: Wei▢en

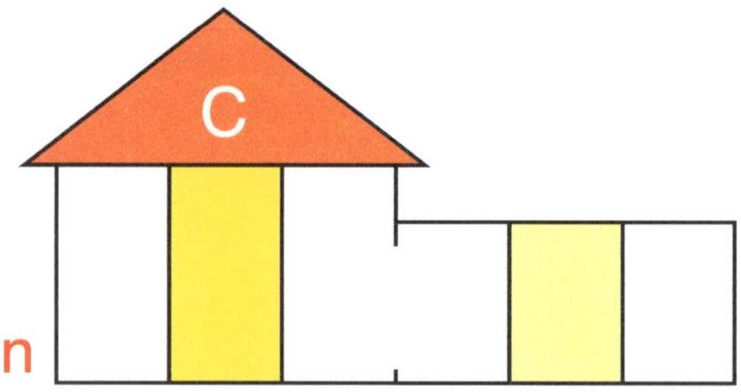

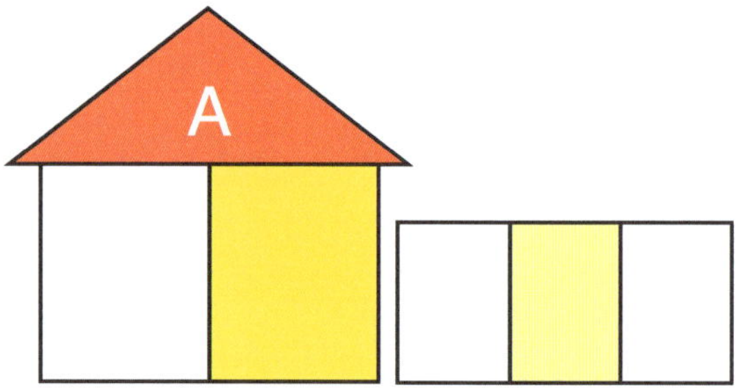

z/tz: ri▢en

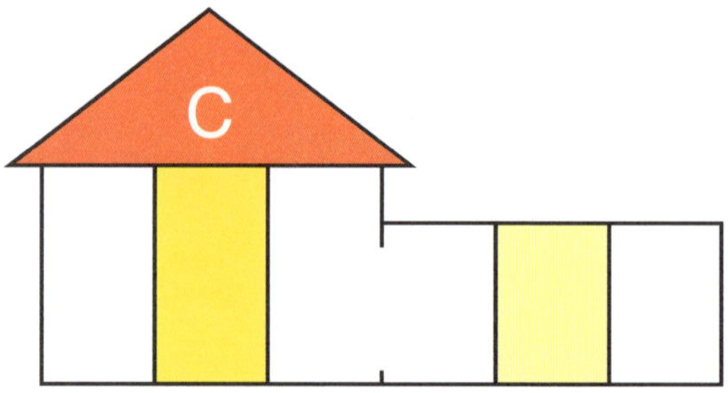

Wortarten erkennen – Richtig schreiben

1 So übst du die Wortarten.

Lies den Text. Unterstreiche so:
Nomen: gelb Verben: grün Adjektive: braun

Schreibe die Nomen in der Einzahl und in der Mehrzahl in dein Heft.

Schreibe die Adjektive mit dem Nomen und dem Artikel auf.

Schreibe die Verben in der Grundform und in der er-Form.

Schreibe den Text mit zwei Farben in dein Heft.

2 Übe den Text.

Auf dem Reiterhof

Mia besucht den Reiterhof.

Die Pferde grasen auf der großen Koppel.

Die schwarze Hündin liegt vor der Hundehütte.

Mia reitet auf einem weißen Pony.

Mia freut sich.

Eine Bildergeschichte schreiben

1 Schneide die Bilder von Seite 93 aus und klebe die Bilder ein.

①

②

③

④

⑤

⑥

2 Erzähle die Geschichte.

3 Spielt die Geschichte.

Ich spiele Max.

Ich spiele Frau Schneider.

Eine Bildergeschichte schreiben

Was passt? Unterstreiche und trage ein.

1 Welche Tageszeit ist auf dem Bild?

Morgen | Mittag | Abend

Es ist ______________.

2 Wo liest Frau Schneider die Zeitung?

in der Küche | auf dem Balkon | im Schlafzimmer

Frau Schneider liest die Zeitung ______________.

3 Was brennt auf dem Tisch?

ein Teelicht | eine Laterne | eine Kerze

Auf dem Tisch brennt ______________.

Eine Bildergeschichte schreiben

1 Was macht der Hund?

spielt | schläft | frisst

Der Hund Max ________________ neben ihr.

2 Was macht Frau Schneider?

Frau Schneider schläft ein.

Frau Schneider hört Radio.

____

3 Was passiert mit der Zeitung?

brennt | qualmt | fängt Feuer

Die Zeitung ________________________.

4 Was macht Max jetzt?

schläft weiter | wacht auf

träumt weiter | wird wach

Max ______________________________.

5 Wie weckt Max sein Frauchen?

winselt leise | bellt laut

knurrt | bellt leise

Max ______________________________.

6 Was macht Frau Schneider nun?

Frau Schneider wird wach. | Frau Schneider schreckt auf.

Frau Schneider schnarcht. | Frau Schneider schläft weiter.

____

____

Eine Bildergeschichte schreiben

1 Wie löscht Frau Schneider die Flamme?

Sie pustet die Flamme aus.

Sie tritt die Flamme aus.

Sie schlägt die Flamme aus.

2 Womit schlägt sie die Flamme aus?

mit dem Stiefel

mit dem Turnschuh

mit dem Hausschuh

Sie schlägt die Flamme ______

______ aus.

3 Wie könnte Frau Schneider ihren Hund belohnen?

Sie streichelt Max.

Sie gibt ihm eine Wurst.

Eine spannende Tiergeschichte schreiben

1 Trage den passenden Satzanfang ein.

Zum Glück … | Plötzlich … | Gemütlich … | Zur Belohnung … | Schnell …

Max, der Feuermelder

Es ist Abend.

________ sitzt Frau Schneider auf dem Balkon.

Auf dem Tisch brennt eine Kerze.

Der Hund Max schläft neben ihr.

Auch Frau Schneider schläft ein.

________ brennt die Zeitung.

________ wacht Max auf.

Er bellt laut.

Frau Schneider wird wach.

________ schlägt sie die Flamme mit dem Hausschuh aus.

________ streichelt Frau Schneider Max.

2 Schreibe die Geschichte ab.

Fantasie und Wirklichkeit

❶ Die Kinder sind im Strandbad.
Schau dir das Bild an. Erzähle.

❷ Welche Kinder spielen diese Figuren?
Suche sie auf dem Bild.

3 Die Kinder unterhalten sich.
Was wollen die Kinder feiern?

4 Was planen die Kinder für das Fest?
Was können die Kinder noch machen?

5 Hast du schon einmal ein Piratenfest gefeiert?
Erzähle.

Eine Einladung schreiben

1 Die Klasse schreibt eine Einladung an die Partnerklasse.
Es fehlen noch wichtige Angaben. Trage ein.

Ort:	Schulhof
Tag:	30. Juni
Uhrzeit:	15.00 Uhr

Liebe Partnerklasse,

am ________ wollen wir mit euch

ein Piratenfest feiern.

Wir treffen uns um ________

auf unserem ________.

Verkleidet euch bitte als Piraten.

Wir freuen uns auf euch.

Eure Piratenklasse

2 Schreibe die Einladung ab.

3 Wozu möchtest du einladen? Schreibe eine Einladung.

Klassenfest	Schatzsuche	?

Einen Vorgang beschreiben

1 Mesi und Mio bereiten Gurkenschiffe zu.
Schau dir die Bilder an. Erzähle.

2 Trage den passenden Satzanfang ein.

Zuletzt …	Dann …	Zuerst …	Nun …

_______ entfernen Mesi und Mio die Kerne.

_______ füllen sie die Gurken mit Frischkäse.

_______ schneiden sie den Käse in Dreiecke.

_______ stecken sie den Käse mit Holzspießen fest.

3 Schreibe die Sätze ab.

Einen Text überarbeiten: Wortfeld „gehen“

1 Kapitän Holzbein und seine Piraten suchen eine Schatzinsel.
Lies den Text laut. Was fällt dir auf?

Eines Tages geht der Schiffsjunge Piet in den Ausguck.

Plötzlich sieht er eine Insel.

Schnell geht Piet wieder hinunter.

Erschrocken geht die Schiffskatze weg.

Neugierig geht Kapitän Holzbein an Deck.

2 Unterstreiche die Verben.

3 Schreibe den Text ab.
Setze für **geht** das passende Verb ein:

springt	klettert	hinkt	steigt

4 Hast du die Piratin auf dem Bild entdeckt?

Einen Text überarbeiten: Wortfeld „sagen“

1. Lies den Text laut.

2. Trage das passende Verb ein.

antwortet	fragt	befiehlt	krächzt

Der Schiffsjunge Piet ______________:

„Ist das die Schatzinsel?“

Kapitän Holzbein ______________:

„Geduld, Geduld, mein Sohn.“

Der Papagei ______________: „Geduld, Geduld!“

Dann ______________ der Kapitän den Piraten:

„Alles fertig machen! Wir gehen gleich vor Anker!“

3. Welche Verben kannst du noch für **sagen** einsetzen?
Suche im Wörterbuch. Schreibe auf.

______________ ______________

______________ ______________

Wörter mit h vor l, m, n, r

1 Lies den Text laut. In welchen Wörtern hörst du das **h** nicht? Unterstreiche die Wörter.

Der Papagei auf dem Schiff ist zahm.

Er krächzt Kapitän Holzbein ins Ohr:

„Dein Kopf ist kahl!“

Piet hat die Insel entdeckt.

Holzbein lobt Piet: „Gut, mein Sohn.“

Zehn mutige Piraten wollen die Insel erkunden.

Der Kapitän ruft: „Seid nicht so lahm!

Wir haben kein ganzes Jahr Zeit!“

Die Nacht wird kühl. Die Piraten holen Decken und lassen das Beiboot ins Wasser.

2 Schreibe die Wörter mit dem stummen **h** auf. Kreise den letzten Buchstaben ein.

zahm			

3 Auf welche Buchstaben enden die Wörter? Trage ein.

Die Wörter enden auf ____, ____, ____ oder ____.

4 Schreibe die Wörter aus Aufgabe 2 in das passende Segel.
Achte auf den letzten Buchstaben.

Das stumme h

In einsilbigen Wörtern, die auf **l**, **m**, **n**, **r** enden, steht vor diesen Buchstaben meistens ein **h**. Dieses **h** sprechen wir nicht.

Einen Text überarbeiten: ihm, ihnen, ihn

1 In den Textstreifen wiederholen sich Wörter.
Schreibe die Sätze ab. Ersetze die unterstrichenen Wörter.

ihn | ihm | ihnen

Der Kapitän will in das Boot klettern.

Der Schiffsjunge Piet hilft <u>dem Kapitän</u>.

Der Kapitän will in das Boot klettern.

Der Schiffsjunge Piet hilft ihm.

Auch die Piraten klettern ins Boot.

Holzbein befiehlt <u>den Piraten</u> zu rudern.

Der Schiffsjunge rudert kräftig.

Der Kapitän lobt <u>den Schiffsjungen</u>.

Wegbeschreibung

1 Schau dir die Schatzkarte an. Beschreibe den Weg.

2 Trage das passende Wort ein.

Brücke	Höhle	Palme	Wald

1. Biege an der ______ nach rechts ab!
2. Überquere die ______!
3. Gehe durch den ______!
4. Suche den Schatz in der ______!

3 Schreibe die Sätze ab.

Zusammengesetzte Nomen

1 Die Piraten haben den Schatz entdeckt. Was finden sie?
Setze die Nomen zusammen und verbinde.

Arm	Ohr	Gold	Silber
Kette	Reif	Becher	Ringe

2 Schreibe die zusammengesetzten Nomen.

___ ___ ___ ___ ___ ___ ___

___ ___ ___ ___ ___ ___ ___ ___

___ ___ ___ ___ ___ ___ ___ ___ ___

___ ___ ___ ___ ___ ___ ___ ___ ___ ___ ___ ___

3 Wie heißt der Piratengruß? Trage die Buchstaben ein.

Schiff A !

Ausschneideblatt zu Seite 76

1. Schneide an der gestrichelten Linie durch.
2. Schneide dann die Bilder einzeln aus.

Ausschneideblatt zu Seite 55

1. Schneide an der gestrichelten Linie durch.
2. Schneide dann die Bilder einzeln aus.

ABC der Tiere

Spracharbeitsheft 2

Lernstandsheft

Kompakt

Herausgegeben von
Klaus Kuhn

Neu erarbeitet von
Mareike Hahn, Klaus Kuhn, Kerstin Mrowka-Nienstedt

Illustriert von
Bogumila und Frank Bayer, Katrin Kerbusch u. a.

Name: ______________________________

Klasse: ______________________________

Mildenberger

Inhalt

Die Symbole bedeuten

Sprich und klatsche dazu.

Schätze dich selbst ein.

Das kann ich gut.

Das kann ich schon etwas.

Das muss ich üben.

Nomen und Artikel

Nomen und Artikel

Namen von Menschen, Tieren, Pflanzen und Dingen sind Nomen. Wir schreiben sie groß.
Vor Nomen stehen oft Artikel (Begleiter).

– bestimmter Artikel: ● **der** ● **die** ● **das**
– unbestimmter Artikel: ● **ein** ● **eine** ● **ein**

1 ● der ● die ● das ? Schreibe die Nomen mit Artikel.

Apfel	~~Dose~~	Buch	Flasche

 die Dose

☺ 😐 ☹

2 ● ein ● eine ● ein ? Schreibe die Nomen mit Artikel.

Blume	~~Haus~~	Tasche	Auto

 ein Haus

☺ 😐 ☹

Einzahl – Mehrzahl

Einzahl – Mehrzahl

Nomen gibt es in der Einzahl und in der Mehrzahl.
Der Artikel in der Mehrzahl ist immer: **die**

1 Schreibe die Nomen in der Einzahl und in der Mehrzahl:

Apfel	Dose	Buch
~~Kind~~	Stift	Flasche

das Kind – die Kinder

–

–

–

–

–

Du kannst das schon gut: **1** ☐ Übe noch weiter: **1** ☐

Nomen-Probe

❶ Kreise alle Nomen gelb ein.

Junge	zu	Kiste	bei
auf	Raupe	Baum	an

☺ 😐 ☹

❷ Ordne die Nomen zu. Schreibe die Nomen mit Artikel auf.

Menschen

der Junge – die Jungen

Tiere

_____ – _____

Pflanzen

_____ – _____

Dinge

_____ – _____

☺ 😐 ☹

Du kannst das schon gut: ❶ ☐ ❷ ☐ Übe noch weiter: ❶ ☐ ❷ ☐

Wortschatztraining 1

❶ Schreibe die Nomen in der Einzahl mit ● der ● die ● das und in der Mehrzahl mit ● die .

● das Schiff

● die Schiffe

● die Wolke

●

● die Kiste

●

● der Stein

●

●

● die Blätter

●

● die Eimer

❷ Trage die passenden Nomen ein.

Am Himmel sind viele  ______ .

Ein großes  ______ fährt über das Meer.

Verben

Verben

Verben sagen uns, was jemand tut (Tunwörter).
Verben schreiben wir klein.

1 Kreise alle Verben grün ein.

werfen	Tisch	rennen	rechnen
Bett	backen	Eis	singen

2 Was können die Kinder tun? Trage die Verben ein.

Wali kann schnell ______________________ .

Moritz kann gut ______________________ .

Mesi kann weit ______________________ .

Ben kann schnell ______________________ .

Sina kann einen Kuchen ______________________ .

Lang oder kurz? – Doppelter Mitlaut

1 Sprich und klatsche die Nomen mit langem Selbstlaut
und mit kurzem Selbstlaut.
Schreibe die Nomen in die Häuser.

In Vase spreche ich **a** lang. Ich schreibe das Wort in Haus A.

In Wasser spreche ich **a** kurz. Ich schreibe das Wort in Haus C.

Vase

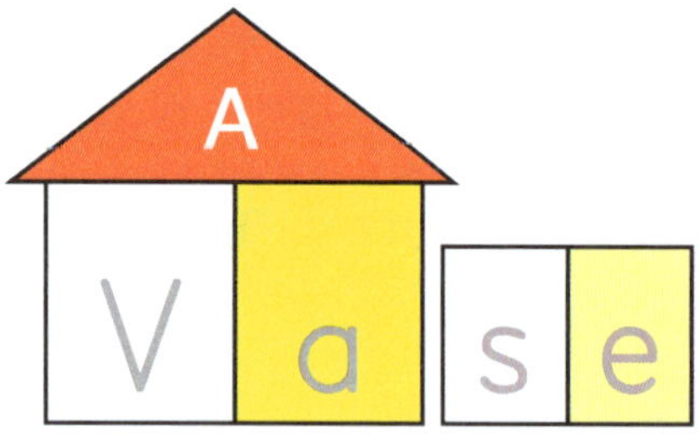

Wasser

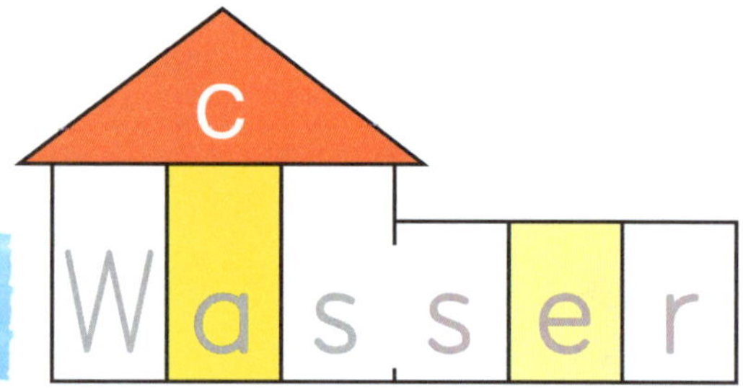

Hüte

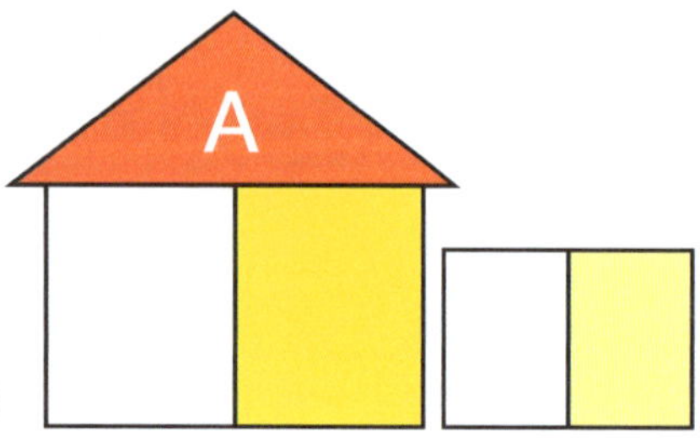

Hütte

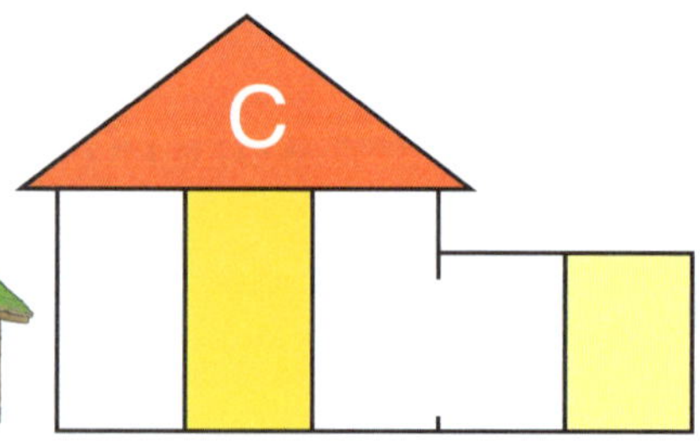

Käse

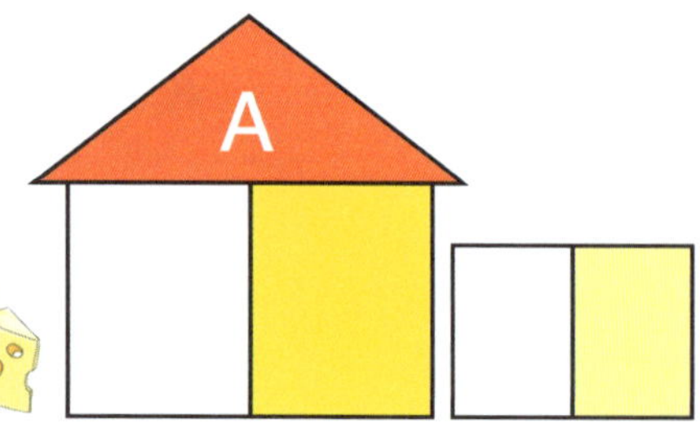

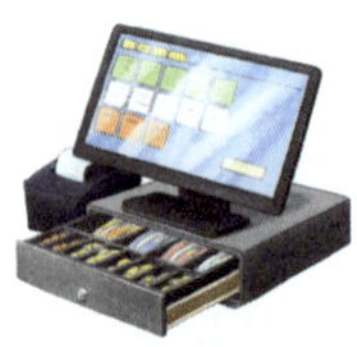

Kasse

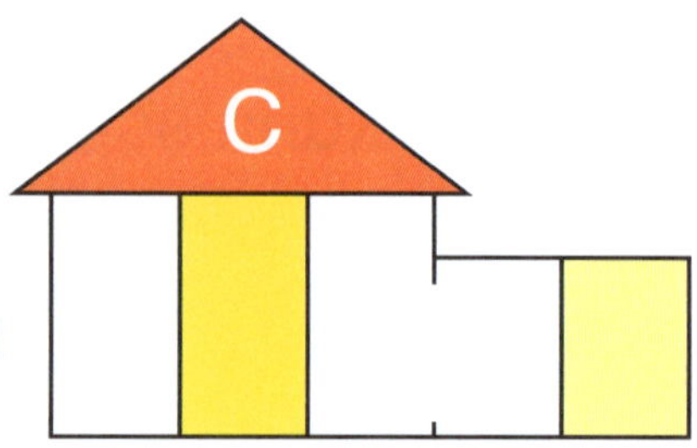

Du kannst das schon gut: 1 ☐ Übe noch weiter: 1 ☐

Aussagesatz

Aussagesatz
Am Satzanfang schreiben wir groß.
Am Satzende steht ein Punkt.

1 Verbinde die Nomen mit dem passenden Verb.

die Kinder	die Hunde	die Blumen	die Vögel
blühen	spielen	fliegen	bellen

2 Schreibe Sätze zu den Bildern. Kreise so ein.

Die Kinder spielen.

Großschreibung

1 Hier sind alle Nomen und Satzanfänge kleingeschrieben. Unterstreiche die Nomen. Kreise den Satzanfang ein. Schreibe die Sätze richtig.

D K B
die kinder besuchen einen bauernhof.

Die Kinder besuchen einen Bauernhof.

dort sehen sie viele tiere.

die kühe stehen auf der wiese.

der hahn kräht laut.

die bäuerin begrüßt die kinder.

Wortschatztraining 2

❶ Schreibe die Nomen in der Einzahl mit ● der ● die ● das
und in der Mehrzahl mit ● die .

● der Affe

● die Affen

● der Bär

●

●

● die Mäuse

●

● die Schafe

❷ Trage die passenden Verben ein.

klettern | nagen | brummen

Die Affen ______ .

Die Bären ______ .

Die Mäuse ______ .

Verb-Probe und Verbformen

❶ Kreise alle Verben grün ein.

Junge	kommen	Kiste	singen
schreiben	Raupe	bei	bellen

☺ 😐 ☹

❷ Schreibe die Verben in der Grundform und in der er-Form.

kommen – er kommt

__________ – __________

__________ – __________

__________ – __________

☺ 😐 ☹

❸ Trage die passende er-Form ein.

Sara __________ ein Lied.

Wali __________ einen Brief.

☺ 😐 ☹

Umlaute Ä/ä und Äu/äu

Umlaute

Ä ä, Ö ö, Ü ü sind Umlaute.

a → ä   au → äu

❶ Schreibe die Nomen in der Einzahl und in der Mehrzahl.

Mann	~~Glas~~	Haus	Baum

das Glas – die Gläser

–

–

–

❷ Schreibe die Verben in der Grundform und in der er-Form.

~~fallen~~	tragen

fallen – er fällt

–

Wortschatztraining 3

❶ Schreibe die Nomen in der Einzahl und in der Mehrzahl.

das Blatt

die Blätter

die Nuss

die Felder

die Drachen

❷ Trage die Verben in der er-Form ein.

Die roten Blätter fallen vom Baum.

Das braune Blatt ______ auch vom Baum.

Die Kinder pflücken Äpfel.

Moritz ______ auch Äpfel.

Die Kinder spielen im Sand.

Samira ______ auch im Sand.

nk oder ng – Höre den Unterschied

1 nk oder ng ? Trage ein.

Tipp: Hörst du in der zweiten Silbe **k**, dann schreibe **nk**.

E_ng_el

A_____er

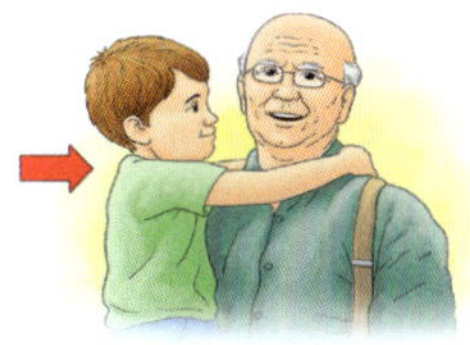

E_____el

Bli_____er

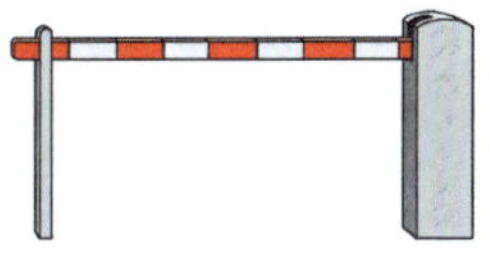

Schra_____e

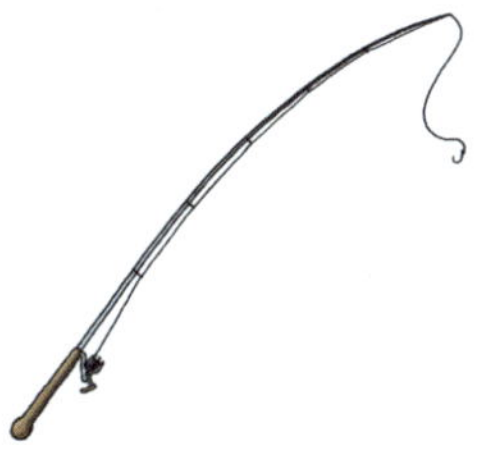

A_____el

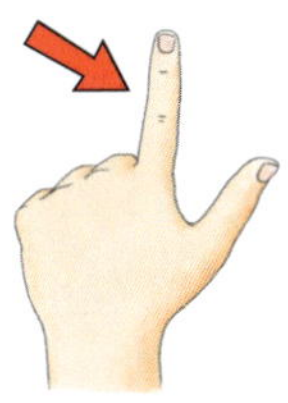

Fi_____er

Le_____er

2 nk oder ng ? Trage ein. Schreibe die Sätze ab.

Die Kinder si_____en Lieder.

Schiffe können im Meer si_____en.

Du kannst das schon gut: 1 ☐ 2 ☐ Übe noch weiter: 1 ☐ 2 ☐

Wörter mit ck

1 Schreibe die Verben in der Grundform und in der er-Form.
Unterstreiche **ck**.

~~backen~~ | ticken | nicken

backen – er backt

–

–

☺ 😐 ☹

2 **k** oder **ck**?
Sprich und klatsche die Nomen mit langem Selbstlaut und mit kurzem Selbstlaut.
Schreibe die Nomen in das richtige Haus.

A

So▢en

C

A

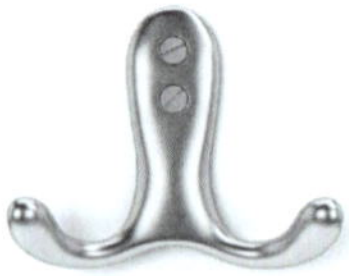

Ha▢en

C

☺ 😐 ☹

 Du kannst das schon gut: **1** ▢ **2** ▢ Übe noch weiter: **1** ▢ **2** ▢

Zusammengesetzte Nomen

Zusammengesetzte Nomen

Nomen können wir zusammensetzen.
Sie haben den Artikel des zweiten Nomens.
der Ritter + die Burg: die Ritterburg

❶ Setze die Nomen zusammen. Schreibe so:

der Tisch — die Decke

die Tischdecke

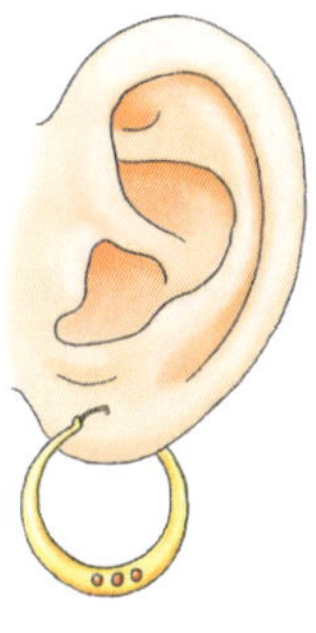

das Ohr — der Ring

die Hand — der Ball

Wortschatztraining 4

1 Schreibe die Nomen in der Einzahl und in der Mehrzahl.

- die Jacke
-

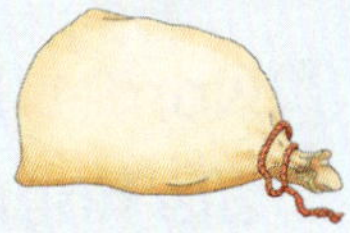

- der Sack
-

-
- die Lieder

-
- die Sterne

2 Trage die Verben in der er-Form ein.

Die Kinder singen Lieder.

Martin ______ auch Lieder.

Die Kinder trinken Wasser.

Hanna ______ auch Wasser.

Die Kinder backen Kekse.

Jakob ______ auch Kekse.

Fragesatz

Fragesatz

Mit Fragewörtern können wir Fragesätze schreiben:
Wer …, Wo …, Wann …, Warum …, Wie …, Was …
Am Ende steht ein Fragezeichen **?**

❶ Kreise die Fragewörter ein. Schreibe das Fragezeichen.
Verbinde dann die Fragen mit der passenden Antwort.

Wo warst du in den Ferien	Ich habe Pfeile und einen Bogen gebaut.
Was hast du dort gemacht	Mein Opa hat mir geholfen.
Wer hat dir geholfen	Ich war bei meinen Großeltern.

❷ Welches Fragewort passt? Schreibe die Sätze ab.
Denke an das Fragezeichen.

Warum …? Wie …?

________ heißt du

______________ bist du traurig

Auslautverhärtung

Bei den einsilbigen Wörtern hörst du am Ende **k**, **p** oder **t**.
In der Mehrzahl hörst du aber den richtigen Buchstaben.

Zu_

→ Zug

1 Nomen: **b** statt **p**, **d** statt **t**. Schreibe so.

Kor_   Körbe → Korb

Pfer_   ____ → ____

☺ 😐 ☹

er lo_t

→ er lobt

2 Verben: **g** statt **k**, **b** statt **p**. Schreibe so.

er fra_t   fragen → er fragt

er ü_t   ____ → ____

☺ 😐 ☹

Du kannst das schon gut: **1** ☐ **2** ☐   Übe noch weiter: **1** ☐ **2** ☐

Wortschatztraining 5

❶ Schreibe die Nomen in der Einzahl und in der Mehrzahl.

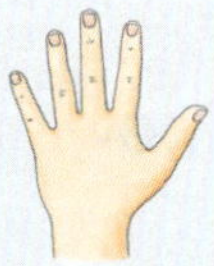

● die Hand

●

● der Freund

●

●

● die Kleider

●

● die Tage

❷ Trage die Verben in der er-Form ein.

Die Kinder fragen die Eltern.

Lena ______ auch die Eltern.

Die Kinder sagen ein Gedicht auf.

Samira ______ auch ein Gedicht auf.

Die Kinder schreiben.

Momo ______ auch.

Adjektive

Adjektive

Adjektive beschreiben Nomen genauer (Wiewörter).
Wie ist jemand? Wie ist etwas?
Adjektive schreiben wir klein.
Die Hose ist braun.

❶ Trage die passenden Adjektive ein.

klein | rot | lang | kurz

Malte hat einen Hund.

Der Hund ist ______.

Sina kämmt die Haare.

Die Haare sind ______.

Lili kauft Äpfel.

Die Äpfel sind ______.

Mio hat eine Hose an.

Die Hose ist ______.

Lang oder kurz? – Doppelter Mitlaut

1 Sprich und klatsche die Nomen auf beide Arten.
Schreibe die Nomen in das richtige Silbenhaus.

Muter – Mutter

Mutter hört
sich richtig an.

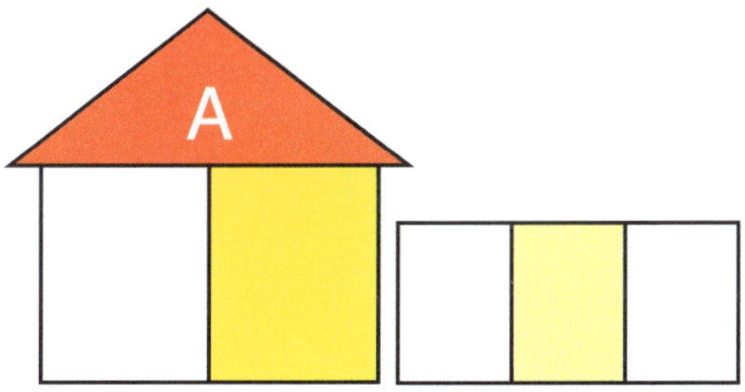

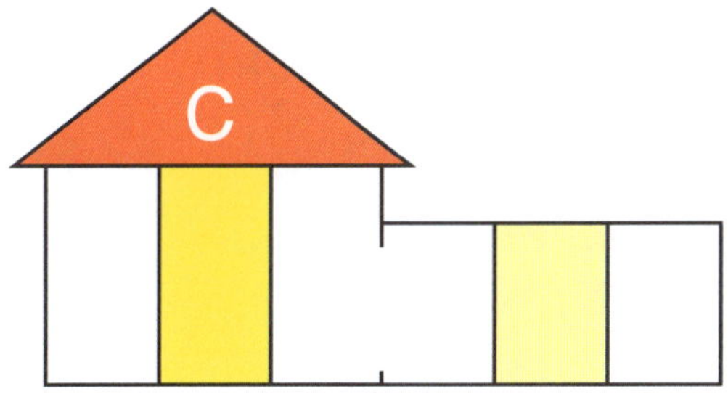

t/tt: Mu▢er

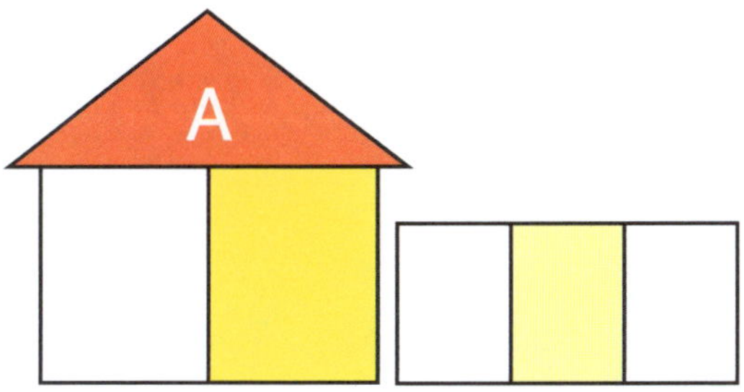

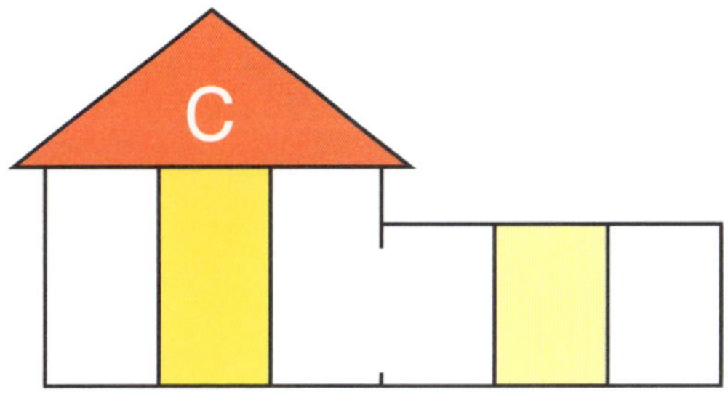

t/tt: Va▢er

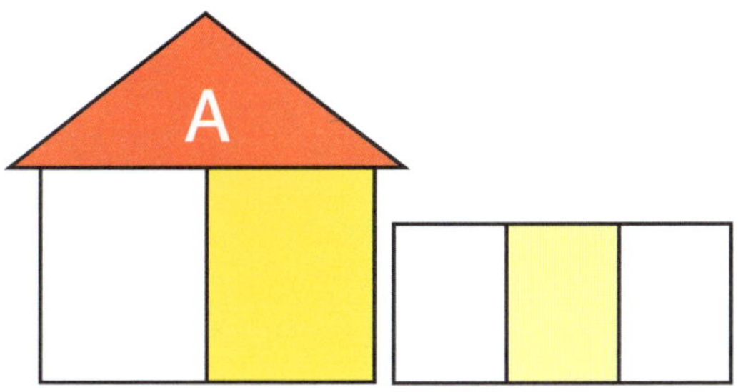

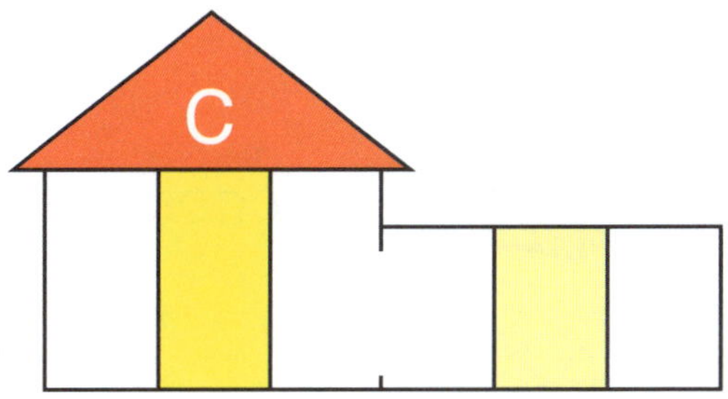

m/mm: Zi▢er

☺ 😐 ☹

Wörter mit ß

❶ Verbinde die Reimwörter.

weiß	Fuß	beißen
Gruß	heiß	heißen

☺ 😐 ☹

❷ Schreibe die Reimwörter auf.

☺ 😐 ☹

❸ Trage die passenden Wörter ein.

Straße süß

Schokolade ist ______.

Die Autos sind auf der ______.

☺ 😐 ☹

 Du kannst das schon gut: ❶ ☐ ❷ ☐ ❸ ☐ Übe noch weiter: ❶ ☐ ❷ ☐ ❸ ☐

Kompakt

ABC der Tiere

Das kann ich schon 2

Lösungen zur Selbstkontrolle

Mildenberger

Nomen und Artikel

Nomen und Artikel

Namen von Menschen, Tieren, Pflanzen und Dingen sind Nomen. Wir schreiben sie groß.
Vor Nomen stehen oft Artikel (Begleiter).
– bestimmter Artikel: ● der ● die ● das
– unbestimmter Artikel: ● ein ● eine ● ein

❶ ● der ● die ● das ? Schreibe die Nomen mit Artikel.

Apfel | ~~Dose~~ | Buch | Flasche

die Dose	das Buch
die Flasche	der Apfel

☺ 😐 ☹

❷ ● ein ● eine ● ein ? Schreibe die Nomen mit Artikel.

Blume | ~~Haus~~ | Tasche | Auto

ein Haus	eine Tasche
eine Blume	ein Auto

☺ 😐 ☹

Einzahl – Mehrzahl

Einzahl – Mehrzahl

Nomen gibt es in der Einzahl und in der Mehrzahl.
Der Artikel in der Mehrzahl ist immer: ● die

❶ Schreibe die Nomen in der Einzahl und in der Mehrzahl:

Apfel | Dose | Buch | ~~Kind~~ | Stift | Flasche

Einzahl		Mehrzahl
das Kind	–	die Kinder
die Dose	–	die Dosen
der Apfel	–	die Äpfel
das Buch	–	die Bücher
der Stift	–	die Stifte
die Flasche	–	die Flaschen

☺ 😐 ☹

Nomen-Probe

❶ Kreise alle Nomen gelb ein.

Junge | zu | Kiste | bei

auf | Raupe | Baum | an

☺ 😐 ☹

❷ Ordne die Nomen zu. Schreibe die Nomen mit Artikel auf.

Menschen

der Junge – die Jungen

Tiere

die Raupe – die Raupen

Pflanzen

der Baum – die Bäume

Dinge

die Kiste – die Kisten

☺ 😐 ☹

Wortschatztraining 1

❶ Schreibe die Nomen in der Einzahl mit ● der ● die ● das und in der Mehrzahl mit ● die .

Einzahl	Mehrzahl
● das Schiff	● die Schiffe
● die Wolke	● die Wolken
● die Kiste	● die Kisten
● der Stein	● die Steine
● das Blatt	● die Blätter
● der Eimer	● die Eimer

❷ Trage die passenden Nomen ein.

Am Himmel sind viele Wolken.

Ein großes Schiff fährt über das Meer.

Verben

Verben
Verben sagen uns, was jemand tut (Tunwörter).
Verben schreiben wir klein.

❶ Kreise alle Verben grün ein.

(werfen)	Tisch	(rennen)	(rechnen)
Bett	(backen)	Eis	(singen)

☺ 😐 ☹

❷ Was können die Kinder tun? Trage die Verben ein.

Wali kann schnell rennen.

Moritz kann gut singen.

Mesi kann weit werfen.

Ben kann schnell rechnen.

Sina kann einen Kuchen backen.

☺ 😐 ☹

Lang oder kurz? – Doppelter Mitlaut

❶ Sprich und klatsche die Nomen mit langem Selbstlaut und mit kurzem Selbstlaut.
Schreibe die Nomen in die Häuser.

Haus A	Haus C
Vase: V a s e	Wasser: W a s s e r
Hüte: H ü t e	Hütte: H ü t t e
Käse: K ä s e	Kasse: K a s s e

☺ 😐 ☹

Aussagesatz

Aussagesatz
Am Satzanfang schreiben wir groß.
Am Satzende steht ein Punkt.

❶ Verbinde die Nomen mit dem passenden Verb.

die Kinder – spielen
die Hunde – bellen
die Blumen – blühen
die Vögel – fliegen

☺ 😐 ☹

❷ Schreibe Sätze zu den Bildern. Kreise so ein.

Die Kinder spielen.

Die Blumen blühen.

Die Vögel fliegen.

Die Hunde bellen.

☺ 😐 ☹

Großschreibung

❶ Hier sind alle Nomen und Satzanfänge kleingeschrieben. Unterstreiche die Nomen. Kreise den Satzanfang ein. Schreibe die Sätze richtig.

D K B
die kinder besuchen einen bauernhof.

Die Kinder besuchen einen Bauernhof.

D T
dort sehen sie viele tiere.

Dort sehen sie viele Tiere.

D K W
die kühe stehen auf der wiese.

Die Kühe stehen auf der Wiese.

D H
der hahn kräht laut.

Der Hahn kräht laut.

D B K
die bäuerin begrüßt die kinder.

Die Bäuerin begrüßt die Kinder.

☺ 😐 ☹

Wortschatztraining 2

❶ Schreibe die Nomen in der Einzahl mit ● der ● die ● das und in der Mehrzahl mit ● die.

● der Affe
● die Affen

● der Bär
● die Bären

● die Maus
● die Mäuse

● das Schaf
● die Schafe

❷ Trage die passenden Verben ein.

klettern | nagen | brummen

Die Affen klettern.

Die Bären brummen.

Die Mäuse nagen.

Verb-Probe und Verbformen

❶ Kreise alle Verben grün ein.

Junge	kommen	Kiste	singen
schreiben	Raupe	bei	bellen

☺ 😐 ☹

❷ Schreibe die Verben in der Grundform und in der er-Form.

kommen – er kommt

singen – er singt

schreiben – er schreibt

bellen – er bellt

☺ 😐 ☹

❸ Trage die passende er-Form ein.

Sara singt ein Lied.

Wali schreibt einen Brief.

☺ 😐 ☹

Umlaute Ä/ä und Äu/äu

Umlaute
Ä ä, Ö ö, Ü ü sind Umlaute.
a → ä au → äu

❶ Schreibe die Nomen in der Einzahl und in der Mehrzahl.

Mann | ~~Glas~~ | Haus | Baum

das Glas – die Gläser

der Mann – die Männer

der Baum – die Bäume

das Haus – die Häuser

☺ 😐 ☹

❷ Schreibe die Verben in der Grundform und in der er-Form.

~~fallen~~ | tragen

fallen – er fällt

tragen – er trägt

☺ 😐 ☹

Wortschatztraining 3

❶ Schreibe die Nomen in der Einzahl und in der Mehrzahl.

das Blatt
die Blätter

die Nuss
die Nüsse

das Feld
die Felder

der Drachen
die Drachen

❷ Trage die Verben in der er-Form ein.

Die roten Blätter fallen vom Baum.
Das braune Blatt fällt auch vom Baum.

Die Kinder pflücken Äpfel.
Moritz pflückt auch Äpfel.

Die Kinder spielen im Sand.
Samira spielt auch im Sand.

nk oder ng – Höre den Unterschied

❶ nk oder ng? Trage ein.
Tipp: Hörst du in der zweiten Silbe **k**, dann schreibe **nk**.

Engel

Anker

Enkel

Blinker

Schranke

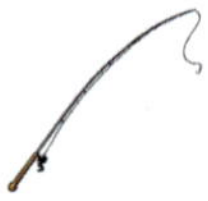
Angel

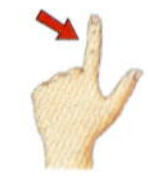
Finger

Lenker

☺ 😐 ☹

❷ nk oder ng? Trage ein. Schreibe die Sätze ab.

Die Kinder singen Lieder.
Die Kinder singen Lieder.

Schiffe können im Meer sinken.
Schiffe können im Meer sinken.

☺ 😐 ☹

Du kannst das schon gut: ❶ ❷ Übe noch weiter: ❶ ❷

Wörter mit ck

❶ Schreibe die Verben in der Grundform und in der er-Form. Unterstreiche **ck**.

~~backen~~ ticken nicken

backen – er backt
ticken – er tickt
nicken – er nickt

☺ 😐 ☹

❷ k oder ck?
Sprich und klatsche die Nomen mit langem Selbstlaut und mit kurzem Selbstlaut.
Schreibe die Nomen in das richtige Haus.

A | C

So■en

C: S o c k e n

Ha■en

A: H a k e n

☺ 😐 ☹

 Du kannst das schon gut: ❶ ❷ Übe noch weiter: ❶ ❷

Zusammengesetzte Nomen

Zusammengesetzte Nomen
Nomen können wir zusammensetzen.
Sie haben den Artikel des zweiten Nomens.
der Ritter + die Burg: die Ritterburg

❶ Setze die Nomen zusammen. Schreibe so:

der Tisch – die Decke
die Tischdecke

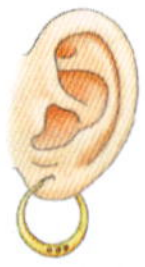

das Ohr – der Ring
der Ohrring

die Hand – der Ball
der Handball

☺ 😐 ☹

Du kannst das schon gut: ❶ Übe noch weiter: ❶

Wortschatztraining 4

❶ Schreibe die Nomen in der Einzahl und in der Mehrzahl.

- die Jacke
- die Jacken

- der Sack
- die Säcke

- das Lied
- die Lieder

- der Stern
- die Sterne

❷ Trage die Verben in der er-Form ein.

Die Kinder singen Lieder.
Martin singt auch Lieder.

Die Kinder trinken Wasser.
Hanna trinkt auch Wasser.

Die Kinder backen Kekse.
Jakob backt auch Kekse.

Fragesatz

Fragesatz
Mit Fragewörtern können wir Fragesätze schreiben:
Wer ..., Wo ..., Wann ..., Warum ..., Wie ..., Was ...
Am Ende steht ein Fragezeichen **?**

❶ Kreise die Fragewörter ein. Schreibe das Fragezeichen. Verbinde dann die Fragen mit der passenden Antwort.

(Wo) warst du in den Ferien?	Ich habe Pfeile und einen Bogen gebaut.
(Was) hast du dort gemacht?	Mein Opa hat mir geholfen.
(Wer) hat dir geholfen?	Ich war bei meinen Großeltern.

☺ 😐 ☹

❷ Welches Fragewort passt? Schreibe die Sätze ab. Denke an das Fragezeichen.

Warum ...? Wie ...?

Wie heißt du
Wie heißt du?

Warum bist du traurig
Warum bist du traurig?

☺ 😐 ☹

Auslautverhärtung

Bei den einsilbigen Wörtern hörst du am Ende **k**, **p** oder **t**.
In der Mehrzahl hörst du aber den richtigen Buchstaben.

Zu▢ — Z ü g e → Zug

❶ Nomen: **b** statt **p**, **d** statt **t**. Schreibe so.

Kor▢ Körbe → Korb

Pfer▢ Pferde → Pferd

☺ 😐 ☹

er lo▢t — l o b e n → er lobt

❷ Verben: **g** statt **k**, **b** statt **p**. Schreibe so.

er fra▢t fragen → er fragt

er ü▢t üben → er übt

☺ 😐 ☹

Wortschatztraining 5

❶ Schreibe die Nomen in der Einzahl und in der Mehrzahl.

- die Hand
- die Hände

- der Freund
- die Freunde

- das Kleid
- die Kleider

- der Tag
- die Tage

❷ Trage die Verben in der er-Form ein.

Die Kinder fragen die Eltern.
Lena fragt auch die Eltern.

Die Kinder sagen ein Gedicht auf.
Samira sagt auch ein Gedicht auf.

Die Kinder schreiben.
Momo schreibt auch.

Adjektive

Adjektive
Adjektive beschreiben Nomen genauer (Wiewörter).
Wie ist jemand? Wie ist etwas?
Adjektive schreiben wir klein.
Die Hose ist braun.

❶ Trage die passenden Adjektive ein.

klein | rot | lang | kurz

Malte hat einen Hund.
Der Hund ist klein.

Sina kämmt die Haare.
Die Haare sind lang.

Lili kauft Äpfel.
Die Äpfel sind rot.

Mio hat eine Hose an.
Die Hose ist kurz.

☺ 😐 ☹

Lang oder kurz? – Doppelter Mitlaut

❶ Sprich und klatsche die Nomen auf beide Arten.
Schreibe die Nomen in das richtige Silbenhaus.

t/tt: Mu▢er
C: Mutter

t/tt: Va▢er
A: Vater

m/mm: Zi▢er
C: Zimmer

☺ 😐 ☹

Wörter mit ß

❶ Verbinde die Reimwörter.

weiß – heiß
Fuß – Gruß
beißen – heißen

☺ 😐 ☹

❷ Schreibe die Reimwörter auf.

weiß	Fuß	beißen
heiß	Gruß	heißen

☺ 😐 ☹

❸ Trage die passenden Wörter ein.

Straße | süß

Schokolade ist süß.

Die Autos sind auf der Straße.

☺ 😐 ☹

Wortschatztraining 6

❶ Schreibe die Nomen in der Einzahl und in der Mehrzahl.

das Zimmer
die Zimmer

die Gurke
die Gurken

der Vater
die Väter

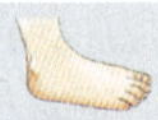
der Fuß
die Füße

❷ Trage die Verben in der er-Form ein.

Die Kinder kochen eine Suppe.
Amal kocht auch eine Suppe.

Die Kinder saugen den Teppich.
Karim saugt auch den Teppich.

Die Kinder wischen Staub.
Sina wischt auch Staub.

Was kann ich schon? – 1

❶ Schreibe die passenden Artikel ● der ● die ● das.

die Sonne · das Wasser · der Himmel

❷ Schreibe die passenden Artikel ● ein ● eine ● ein.

ein Kind · eine Frau · ein Mann

❸ Schreibe die Nomen in der Einzahl und in der Mehrzahl:

Dose · Tisch · Teller

Dose – Dosen
Tisch – Tische
Teller – Teller

❹ Kreise die Nomen gelb ein. Schreibe nur die Nomen auf.

Hund · geht · so · Blume · Baum

Hund · Blume · Baum

❺ Kreise die Verben grün ein. Schreibe nur die Verben auf.

Hasen · singen · und · rennen · rufen

singen · rennen · rufen

Was kann ich schon? – 1

❻ Schreibe alle Verbformen: legen

ich lege · wir legen
du legst · ihr legt
er, sie, es legt · sie legen

❼ Trage die passenden Adjektive ein.

rund · süß

Schokolade ist süß. Kreise sind rund.

❽ Schreibe einen Satz.

die · Affen · klettern

Die Affen klettern.

❾ Schreibe die er-Form.

rennen – er rennt · kommen – er kommt

❿ Schreibe das zusammengesetzte Nomen auf.

Zimmer + Tür Zimmertür

⓫ Trage den richtigen Buchstaben ein.

d / t: das Kind · **g / k**: er sagt · **b / p**: er übt

☺ 😐 ☹ Das musst du noch üben: ____________

Adjektive

❶ Kreise alle Adjektive braun ein.

Pferd	am	leise	und
dick	Stein	Wald	sauber
Baum	schwer	bei	lesen

☺ 😐 ☹

❷ Trage die gegensätzlichen Adjektive ein.

kalte · kalt · ~~heiß~~ · große · groß · klein

Die Suppe ist heiß.

Der Saft ist kalt.

Der kalte Saft schmeckt gut.

Das Pony ist klein.

Das Pferd ist groß.

Das große Pferd trabt.

☺ 😐 ☹

Du kannst das schon gut: ❶ ☐ ❷ ☐ Übe noch weiter: ❶ ☐ ❷ ☐

Großschreibung

❶ Satzanfänge und Nomen schreiben wir groß.
Verbessere die Satzanfänge im Text.
Unterstreiche die Nomen und verbessere.

S M
~~s~~terntaler ist ein armes ~~m~~ädchen.
E E
~~e~~s hat keine ~~e~~ltern mehr.
D M K
~~d~~as ~~m~~ädchen verschenkt seine ~~k~~leider.
D S H
~~d~~ann fallen ~~s~~terne vom ~~h~~immel.

☺ 😐 ☹

❷ Schreibe den Text richtig.

Sterntaler ist ein armes Mädchen.
Es hat keine Eltern mehr.
Das Mädchen verschenkt
seine Kleider.
Dann fallen Sterne vom Himmel.

☺ 😐 ☹

Äu/äu oder Eu/eu?

❶ Äu äu oder Eu eu? Trage ein.
Tipp: Schreibe ein Wort mit **äu**, wenn du ein verwandtes Wort mit **au** findest.

Eu le

B äu me

M äu se

L eu te

☺ 😐 ☹

❷ Äu äu oder Eu eu? Trage ein.
Schreibe die Sätze ab.

Die Kinder r äu men auf.
Die Kinder räumen auf.

Das F eu er ist heiß.
Das Feuer ist heiß.

In der Straße stehen viele H äu ser.
In der Straße stehen viele Häuser.

☺ 😐 ☹

Wortschatztraining 7

❶ Schreibe die Nomen in der Einzahl und in der Mehrzahl.

• das Haus
• die Häuser

• der Stuhl
• die Stühle

• die Hexe
• die Hexen

• die Eule
• die Eulen

❷ Verbinde die gegensätzlichen Adjektive.

warm	hart
weich	alt
neu	kalt
lang	winzig
riesig	kurz

warm – kalt, weich – hart, neu – alt, lang – kurz, riesig – winzig

Aufforderungssatz

Aufforderungssatz
Nach Aufforderungen steht ein Ausrufezeichen !

❶ Setze am Ende ein Ausrufezeichen. !

Hilf mir im Garten !

Spiele in deinem Zimmer !

Beeile dich !

☺ 😐 ☹

❷ Schreibe die Aufforderungssätze ab.
Denke an das Ausrufezeichen.

Hilf mir im Garten!
Spiele in deinem Zimmer!
Beeile dich!

☺ 😐 ☹

i oder ie?

❶ i oder ie? Schreibe die Wörter in die richtige Spalte.
Tipp: Schreibe **ie**, wenn kein Stopper folgt.

K_i_ste · Sch_ie_ne · W_ie_se · T_i_nte · s_ie_ben · w_i_nken · g_ie_ßen · W_i_nter

Wörter mit i	Wörter mit ie
Kiste	Schiene
Tinte	Wiese
winken	sieben
Winter	gießen

☺ 😐 ☹

❷ i oder ie? Schreibe zuerst die Mehrzahl, dann die Einzahl.

Br▢f — Briefe → Brief

B▢ld — Bilder → Bild

D▢b — Diebe → Dieb

☺ 😐 ☹

Wörter mit ch

❶ Lies die Wörter laut. Wie klingt **ch**?
Schreibe die Wörter in die richtige Spalte.

Teich · suchen · reich · machen · leicht · Dach · Woche · weich

ch wie in Milch	ch wie in Buch
Teich	suchen
reich	machen
leicht	Dach
weich	Woche

☺ 😐 ☹

❷ Trage die passenden Wörter mit **ch** ein.

Die Enten schwimmen im Teich.

Das Haus hat ein rotes Dach.

☺ 😐 ☹

Wortschatztraining 8

❶ Schreibe die Nomen in der Einzahl und in der Mehrzahl.

- der Käfer
- die Käfer

- das Spiel
- die Spiele

- die Biene
- die Bienen

- der Fuchs
- die Füchse

❷ Trage die Verben in der er-Form ein.

Die Kinder liegen im Bett.
Malte liegt auch im Bett.

Die Kinder gießen die Blumen.
Adem gießt auch die Blumen.

Die Kinder spielen Fußball.
Hanna spielt auch Fußball.

Wörter mit V/v

❶ Lies die Wörter laut. Wie klingt **V**?
Schreibe die Wörter in die richtige Spalte.

Vater · Vulkan · vier · November · voll · Vampir · von · Klavier

V wie F gesprochen	V wie W gesprochen
Vater	Vulkan
vier	November
voll	Vampir
von	Klavier

☺ 😐 ☹

❷ Trage die passenden Wörter mit **V/v** ein.

Aus dem Vulkan kommt Lava.

Sina spielt auf dem Klavier.

☺ 😐 ☹

Vorsilben

❶ Verbinde die Vorsilben mit den Verben. Schreibe auf.

ab, ein → holen

abholen

einholen

ab, vor → sagen

absagen

vorsagen

☺ 😐 ☹

❷ ver oder vor? Trage ein. Schreibe die Sätze ab.

Hanna will den Text vor lesen.

Hanna will den Text vorlesen.

Martin will das Haus ver lassen.

Martin will das Haus verlassen.

Lena will auf der Flöte vor spielen.

Lena will auf der Flöte vorspielen.

Der Arzt ver schreibt Hustensaft.

Der Arzt verschreibt Hustensaft.

☺ 😐 ☹

Wörter mit Sp/sp und St/st

Sp oder St am Wortanfang
Vor **p** und **t** sprechen wir **Sch**,
wir schreiben aber **Sp** und **St**.

❶ Sp oder St? Trage ein. Schreibe die Sätze ab.

St uhl

Sp iegel

St ift

Sp inne

☺ 😐 ☹

❷ sp oder st? Trage ein. Schreibe die Sätze ab.

Aisu sp ielt Fußball.

Aisu spielt Fußball.

Adem st eht neben Hanna.

Adem steht neben Hanna.

Malte kann weit sp ringen.

Malte kann weit springen.

☺ 😐 ☹

Wortschatztraining 9

❶ Schreibe die Nomen in der Einzahl und in der Mehrzahl.

• die Stadt
• die Städte

• der Vogel
• die Vögel

• der See
• die Seen

• der Zoo
• die Zoos

❷ Trage die Verben in der er-Form ein.

Die Kinder	verstecken	sich.
Aisu	versteckt	sich auch.
Die Kinder	entdecken	Käfer.
Martin	entdeckt	auch Käfer.
Die Kinder	begrüßen	die Oma.
Samira	begrüßt	die Oma auch.

Wörter mit F/f und Pf/pf

❶ F f oder Pf pf? Trage ein. Schreibe die Sätze ab.

Timo f ährt mit dem F ahrrad zu seinem Pony.

Timo fährt mit dem Fahrrad
zu seinem Pony.

Im Stall stehen viele Pf erde.

Im Stall stehen viele Pferde.

Timo füttert sein Pony mit einem A pf el.

Timo füttert sein Pony
mit einem Apfel.

Dann putzt er das F ell mit einer Bürste.

Dann putzt er das Fell
mit einer Bürste.

☺ 😐 ☹

Wörter mit tz

❶ Was reimt sich? Ordne zu und schreibe auf.

ritzen | ~~Katze~~ | Blitz | putzen

die Tatze	der Witz
die Katze	der Blitz
nutzen	spitzen
putzen	ritzen

❷ z oder tz? Sprich und klatsche die Nomen auf beide Arten. Schreibe die Nomen in das richtige Haus.

z/tz: Mü_e

A | C: Mü t ze

z/tz: Wei_en

A: W ei zen | C

Wortschatztraining 10

❶ Schreibe die Nomen in der Einzahl und in der Mehrzahl.

- das Pferd
- die Pferde

- die Katze
- die Katzen

- der Spatz
- die Spatzen

- der Apfel
- die Äpfel

❷ Trage die Verben in der er-Form ein.

Die Kinder pflücken Äpfel.
Moritz pflückt auch Äpfel.

Die Kinder putzen die Zähne.
Samira putzt auch die Zähne.

Die Kinder spitzen Stifte.
Jakob spitzt auch Stifte.

Wörter mit stummem h

Stummes h
In einsilbigen Wörtern, die auf **l**, **m**, **n**, **r** enden, steht vor diesen Buchstaben meistens ein **h**. Dieses **h** sprechen wir nicht.

❶ Kreise bei jedem Wort den letzten Buchstaben ein.

kühl | Lehm | Jahr | Zahn
Uhr | zehn | Zahl | zahm

❷ Ordne die Wörter nach dem letzten Buchstaben.

l	m	n	r
kühl	Lehm	Zahn	Jahr
Zahl	zahm	zehn	Uhr

Wortschatztraining 11

❶ Schreibe die Nomen in der Einzahl und in der Mehrzahl.

- die Zahl
- die Zahlen

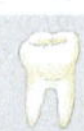

- der Zahn
- die Zähne

- die Uhr
- die Uhren

- der Pirat
- die Piraten

❷ Trage die Verben in der er-Form ein.

Die Kinder gehen zur Schule.
Sina geht auch zur Schule.

Die Kinder feiern ein Fest.
Malte feiert auch ein Fest.

Die Kinder springen ins Wasser.
Momo springt auch ins Wasser.

ABC der Tiere 2 – Das kann ich schon: Lösungen (Seite 46–47)

Was kann ich schon? – 2

❶ Kreise die Adjektive braun ein. Schreibe die Adjektive.

Buch | hart | auf | spielt | kurz | klein

hart · kurz · klein

❷ Trage die passenden Adjektive ein.

rot | schwarze

Lili streichelt die schwarze Katze.

Der Apfel ist rot.

❸ i oder ie? Schreibe die Wörter.

wiese | K_nder | Briefe

Wiese · Kinder · Briefe

❹ Ordne die Wörter nach dem letzten Buchstaben.

Huhn | Mehl | sehr | lahm

l	m
Mehl	lahm
n	**r**
Huhn	sehr

Was kann ich schon? – 2

❺ äu oder eu? Trage ein.

Auf dem Feld stehen viele Bäume.

Das Kind ist neun Jahre alt.

❻ Schreibe die Wörter mit **ch** in die richtige Spalte.

Tochter | riechen

ch wie in Milch	ch wie in Buch
riechen	Tochter

❼ **z** oder **tz**? Schreibe die Verben in das richtige Haus.

A: h ei z e n

z/tz: hei_en

C: (leer)

A: (leer)

z/tz: pu_en

C: p u t z e n

❽ Verbessere die Satzanfänge und die Nomen im Text.

Unsere Klasse macht einen Ausflug.

Wir treffen uns vor der Schule.

Alle Kinder bringen eine Regenjacke mit.

Wortschatztraining 6

➊ Schreibe die Nomen in der Einzahl und in der Mehrzahl.

● das Zimmer

●

● die Gurke

●

●

● die Väter

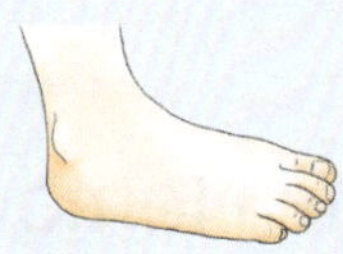

●

● die Füße

➋ Trage die Verben in der er-Form ein.

Die Kinder kochen eine Suppe.

Amal ______ auch eine Suppe.

Die Kinder saugen den Teppich.

Karim ______ auch den Teppich.

Die Kinder wischen Staub.

Sina ______ auch Staub.

Was kann ich schon? – 1

❶ Schreibe die passenden Artikel der, die, das.

_____ Sonne _____ Wasser _____ Himmel

❷ Schreibe die passenden Artikel ein, eine, ein.

_____ Kind _____ Frau _____ Mann

❸ Schreibe die Nomen in der Einzahl und in der Mehrzahl:

Dose Tisch Teller

_____ – _____

_____ – _____

_____ – _____

❹ Kreise die Nomen gelb ein. Schreibe nur die Nomen auf.

Hund geht so Blume Baum

_____ _____ _____

❺ Kreise die Verben grün ein. Schreibe nur die Verben auf.

Hasen singen und rennen rufen

_____ _____ _____

Was kann ich schon? – 1

❻ Schreibe alle Verbformen: legen

ich ______ wir ______

du ______ ihr ______

er, sie, es ______ sie ______

❼ Trage die passenden Adjektive ein.

rund süß

Schokolade ist ______. Kreise sind ______.

❽ Schreibe einen Satz.

die Affen klettern

______

❾ Schreibe die er-Form.

rennen – ______ kommen – ______

❿ Schreibe das zusammengesetzte Nomen auf.

Zimmer + Tür ______

⓫ Trage den richtigen Buchstaben ein.

d / t: das Kin___ **g / k**: er sa___t **b / p**: er ü___t

☺ 😐 ☹ Das musst du noch üben: ______

Kompetenzraster: Was kann ich schon? – 1

Sprache und Sprachgebrauch untersuchen / Grammatik							
Aufgabe	**Inhaltsbezogene Kompetenzen**	**++**	**+**	**-**	**--**	**Anmerkungen**	**Üben und wiederholen**
1	Bestimmter Artikel						
2	Unbestimmter Artikel						
3	Einzahl – Mehrzahl						
4	Nomen-Probe						
5	Verb-Probe						
6	Personalformen						
7	Adjektive						
8	Aussagesatz						

Richtig schreiben / Rechtschreibung							
Aufgabe	**Inhaltsbezogene Kompetenzen**	**++**	**+**	**-**	**--**	**Anmerkungen**	**Üben und wiederholen**
9	Verben: doppelter Mitlaut						
10	Zusammengesetzte Nomen						
11	Auslautverhärtung						

Weitere Anmerkungen:

Adjektive

❶ Kreise alle Adjektive braun ein.

Pferd | am | leise | und

dick | Stein | Wald | sauber

Baum | schwer | bei | lesen

❷ Trage die gegensätzlichen Adjektive ein.

kalte | kalt | ~~heiß~~ | große | groß | klein

Die Suppe ist heiß.

Der Saft ist ________.

Der ________ Saft schmeckt gut.

Das Pony ist ________.

Das Pferd ist ________.

Das ________ Pferd trabt.

Großschreibung

❶ Satzanfänge und Nomen schreiben wir groß.
Verbessere die Satzanfänge im Text.
Unterstreiche die Nomen und verbessere.

S sterntaler ist ein armes M mädchen.

es hat keine eltern mehr.

das mädchen verschenkt seine kleider.

dann fallen sterne vom himmel.

❷ Schreibe den Text richtig.

 Du kannst das schon gut: ❶ ☐ ❷ ☐ Übe noch weiter: ❶ ☐ ❷ ☐

Äu/äu oder Eu/eu?

1 Äu äu oder Eu eu ? Trage ein.

Tipp: Schreibe ein Wort mit **äu**, wenn du ein verwandtes Wort mit **au** findest.

_____le

B_____me

M_____se

L_____te

2 Äu äu oder Eu eu ? Trage ein.

Schreibe die Sätze ab.

Die Kinder r_____men auf.

Das F_____er ist heiß.

In der Straße stehen viele H_____ser.

Wortschatztraining 7

❶ Schreibe die Nomen in der Einzahl und in der Mehrzahl.

das Haus

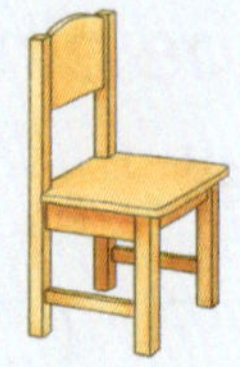

der Stuhl

die Hexen

die Eulen

❷ Verbinde die gegensätzlichen Adjektive.

warm	hart
weich	alt
neu	kalt
lang	winzig
riesig	kurz

Aufforderungssatz

Aufforderungssatz

Nach Aufforderungen steht ein Ausrufezeichen !

❶ Setze am Ende ein Ausrufezeichen. !

Hilf mir im Garten

Spiele in deinem Zimmer

Beeile dich

❷ Schreibe die Aufforderungssätze ab.
Denke an das Ausrufezeichen.

i oder ie?

❶ i oder ie? Schreibe die Wörter in die richtige Spalte.
Tipp: Schreibe **ie**, wenn kein Stopper folgt.

K___ste	Sch___ne	W___se	T___nte
s___ben	w___nken	g___ßen	W___nter

Wörter mit i	Wörter mit ie

☺ 😐 ☹

❷ i oder **ie**? Schreibe zuerst die Mehrzahl, dann die Einzahl.

Br▢f — Briefe → Brief

B▢ld — ___ → ___

D▢b — ___ → ___

☺ 😐 ☹

Du kannst das schon gut: ❶ ▢ ❷ ▢ Übe noch weiter: ❶ ▢ ❷ ▢

Wörter mit ch

❶ Lies die Wörter laut. Wie klingt **ch**?
Schreibe die Wörter in die richtige Spalte.

Teich	suchen	reich	machen
leicht	Dach	Woche	weich

ch wie in Milch	ch wie in Buch

☺ 😐 ☹

❷ Trage die passenden Wörter mit **ch** ein.

Die Enten schwimmen im ____________.

Das Haus hat ein rotes ____________.

☺ 😐 ☹

Wortschatztraining 8

1 Schreibe die Nomen in der Einzahl und in der Mehrzahl.

- der Käfer
-

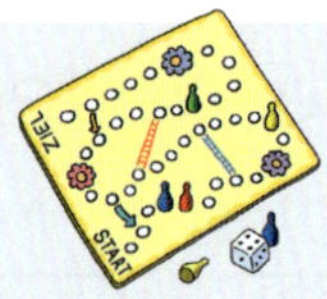

- das Spiel
-

-
- die Bienen

-
- die Füchse

2 Trage die Verben in der er-Form ein.

Die Kinder liegen im Bett.

Malte ______ auch im Bett.

Die Kinder gießen die Blumen.

Adem ______ auch die Blumen.

Die Kinder spielen Fußball.

Hanna ______ auch Fußball.

Wörter mit V / v

❶ Lies die Wörter laut. Wie klingt **V**?
Schreibe die Wörter in die richtige Spalte.

Vater	Vulkan	vier	November
voll	Vampir	von	Klavier

V wie F gesprochen	**V wie W gesprochen**

❷ Trage die passenden Wörter mit **V / v** ein.

Aus dem ______ kommt Lava.

Sina spielt auf dem ______ .

Vorsilben

❶ Verbinde die Vorsilben mit den Verben. Schreibe auf.

ab — holen
ein

abholen

ab
vor
sagen

☺ 😐 ☹

❷ ver oder vor ? Trage ein. Schreibe die Sätze ab.

Hanna will den Text ______lesen.

Martin will das Haus ______lassen.

Lena will auf der Flöte ______spielen.

Der Arzt ______schreibt Hustensaft.

☺ 😐 ☹

Du kannst das schon gut: ❶ ☐ ❷ ☐ Übe noch weiter: ❶ ☐ ❷ ☐

Wörter mit Sp/sp und St/st

Sp oder St am Wortanfang

Vor **p** und **t** sprechen wir **Sch**,
wir schreiben aber **Sp** und **St**.

1 Sp oder St? Trage ein. Schreibe die Sätze ab.

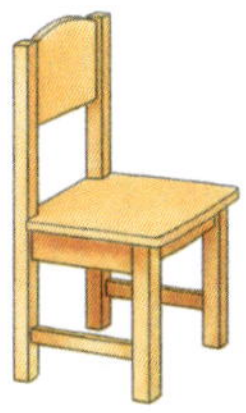

_____uhl

_____iegel

_____ift

_____inne

2 sp oder st? Trage ein. Schreibe die Sätze ab.

Aisu _____ielt Fußball.

Adem _____eht neben Hanna.

Malte kann weit _____ringen.

Du kannst das schon gut: 1 ☐ 2 ☐   Übe noch weiter: 1 ☐ 2 ☐

Wortschatztraining 9

❶ Schreibe die Nomen in der Einzahl und in der Mehrzahl.

● die Stadt

●

● der Vogel

●

●

● die Seen

●

● die Zoos

❷ Trage die Verben in der er-Form ein.

Die Kinder verstecken sich.

Aisu ______ sich auch.

Die Kinder entdecken Käfer.

Martin ______ auch Käfer.

Die Kinder begrüßen die Oma.

Samira ______ die Oma auch.

Wörter mit F / f und Pf / pf

1 F f oder Pf pf? Trage ein. Schreibe die Sätze ab.

Timo __ährt mit dem __ahrrad zu seinem Pony.

Im Stall stehen viele ____erde.

Timo füttert sein Pony mit einem A____el.

Dann putzt er das __ell mit einer Bürste.

Wörter mit tz

1 Was reimt sich? Ordne zu und schreibe auf.

ritzen ~~Katze~~ Blitz putzen

die Tatze

der Witz

die Katze

nutzen

spitzen

2 **z** oder **tz**? Sprich und klatsche die Nomen auf beide Arten.
Schreibe die Nomen in das richtige Haus.

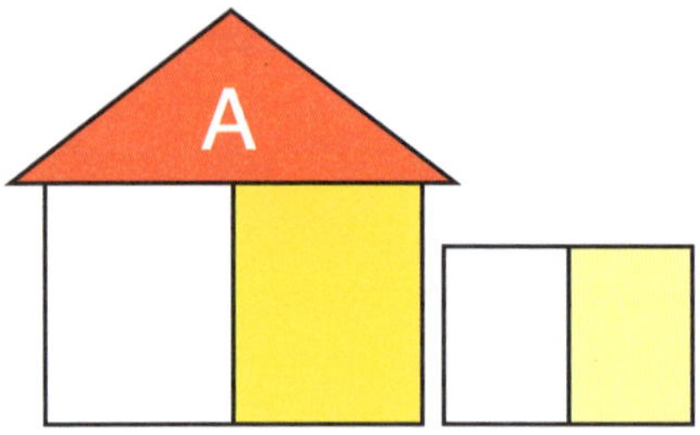

z/tz: Mü▢e

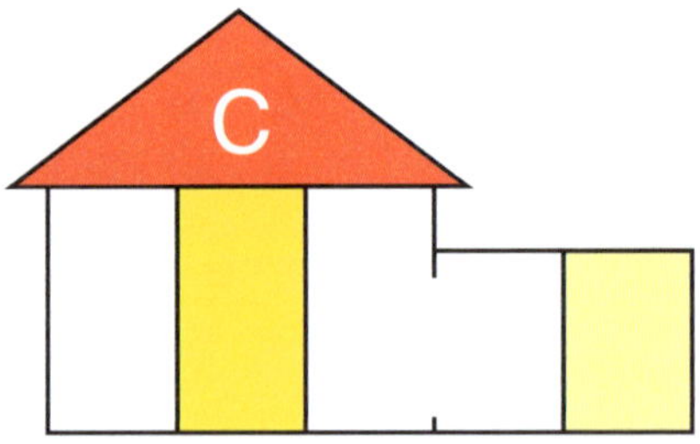

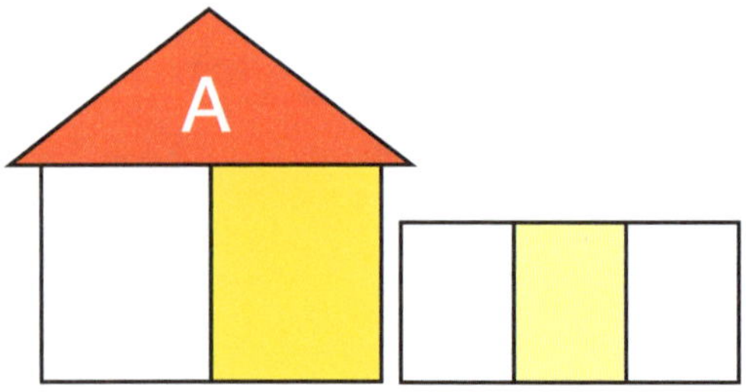

z/tz: Wei▢en

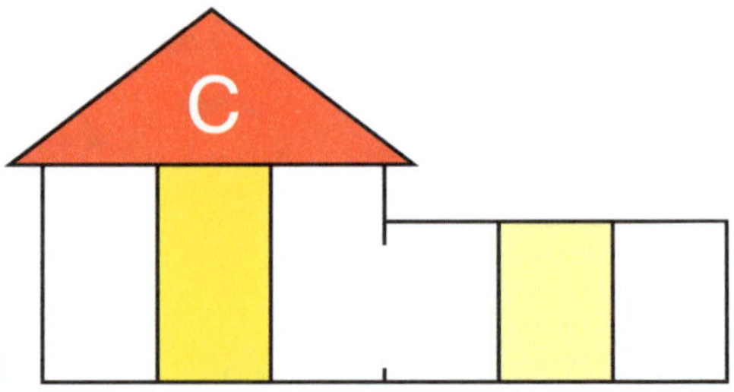

Du kannst das schon gut: 1 ▢ 2 ▢ Übe noch weiter: 1 ▢ 2 ▢

Wortschatztraining 10

❶ Schreibe die Nomen in der Einzahl und in der Mehrzahl.

● das Pferd

●

● die Katze

●

●

● die Spatzen

●

● die Äpfel

❷ Trage die Verben in der er-Form ein.

Die Kinder pflücken Äpfel.

Moritz ______ auch Äpfel.

Die Kinder putzen die Zähne.

Samira ______ auch die Zähne.

Die Kinder spitzen Stifte.

Jakob ______ auch Stifte.

Wörter mit stummem h

Stummes h

In einsilbigen Wörtern, die auf **l**, **m**, **n**, **r** enden, steht vor diesen Buchstaben meistens ein **h**. Dieses **h** sprechen wir nicht.

❶ Kreise bei jedem Wort den letzten Buchstaben ein.

kühl	Lehm	Jahr	Zahn
Uhr	zehn	Zahl	zahm

☺ 😐 ☹

❷ Ordne die Wörter nach dem letzten Buchstaben.

l	m
kühl	

n	r

☺ 😐 ☹

Du kannst das schon gut: ❶ ☐ ❷ ☐ Übe noch weiter: ❶ ☐ ❷ ☐

Wortschatztraining 11

1 Schreibe die Nomen in der Einzahl und in der Mehrzahl.

- die Zahl
-

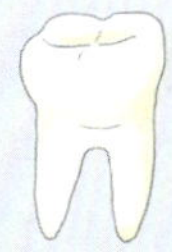

- der Zahn
-

-
- die Uhren

-
- die Piraten

2 Trage die Verben in der er-Form ein.

Die Kinder gehen zur Schule.

Sina ______ auch zur Schule.

Die Kinder feiern ein Fest.

Malte ______ auch ein Fest.

Die Kinder springen ins Wasser.

Momo ______ auch ins Wasser.

Was kann ich schon? – 2

1. Kreise die Adjektive braun ein. Schreibe die Adjektive.

Buch | hart | auf | spielt | kurz | klein

_____ _____ _____

2. Trage die passenden Adjektive ein.

rot | schwarze

Lili streichelt die _____ Katze.

Der Apfel ist _____.

3. i oder ie? Schreibe die Wörter.

W__se | K__nder | Br__fe

_____ _____ _____

4. Ordne die Wörter nach dem letzten Buchstaben.

Huhn | Mehl | sehr | lahm

l: _____

m: _____

n: _____

r: _____

Was kann ich schon? – 2

5 äu oder eu? Trage ein.

Auf dem Feld stehen viele B____me.

Das Kind ist n____n Jahre alt.

6 Schreibe die Wörter mit **ch** in die richtige Spalte.

Tochter | riechen

ch wie in Milch	**ch wie in Buch**

7 **z** oder **tz**? Schreibe die Verben in das richtige Haus.

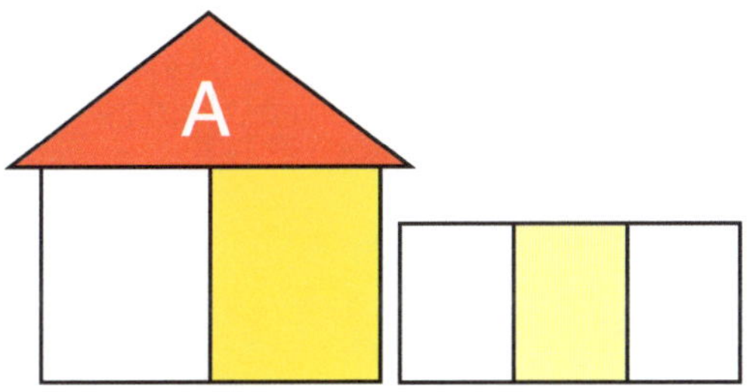

z/tz: hei__en

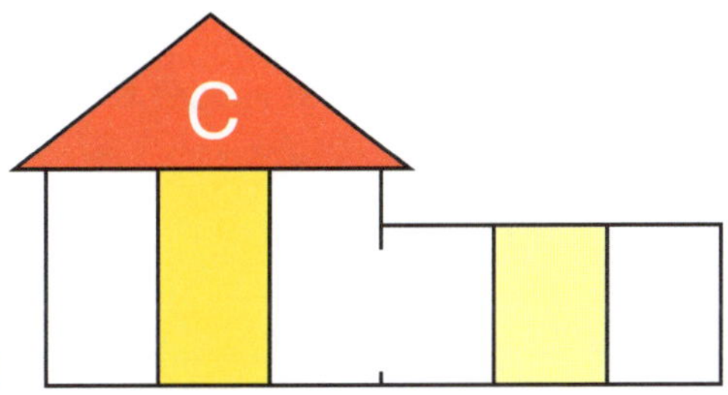

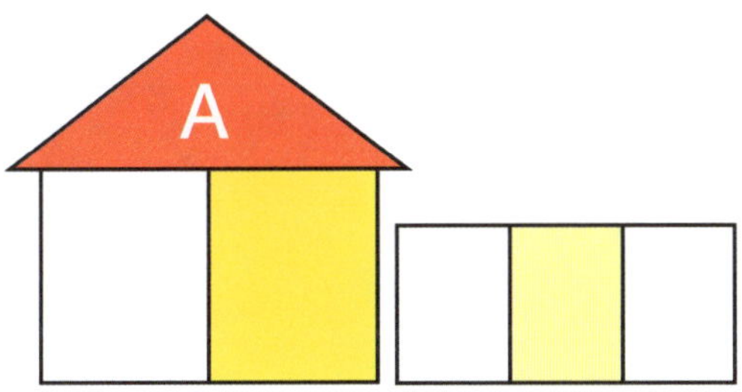

z/tz: pu__en

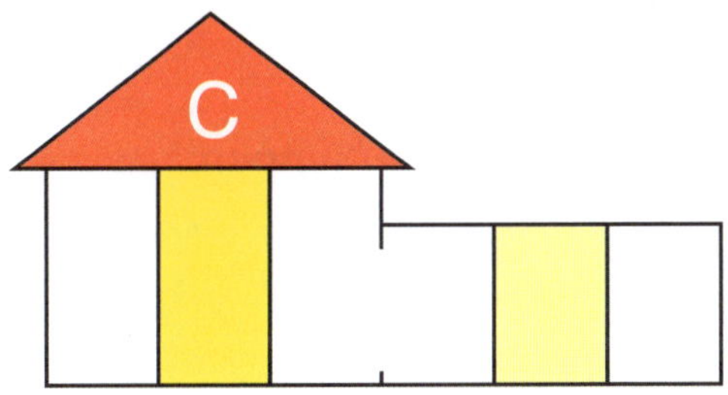

8 Verbessere die Satzanfänge und die Nomen im Text.

unsere klasse macht einen ausflug.

wir treffen uns vor der schule.

alle kinder bringen eine regenjacke mit.

☺ 😐 ☹ Das musst du noch üben: ____________________

Kompetenzraster: Was kann ich schon? – 2

Sprache und Sprachgebrauch untersuchen / Grammatik							
Aufgabe	**Inhaltsbezogene Kompetenzen**	**++**	**+**	**-**	**--**	**Anmerkungen**	**Üben und wiederholen**
1	Adjektiv-Probe						
2	Adjektive						

Richtig schreiben / Rechtschreibung							
Aufgabe	**Inhaltsbezogene Kompetenzen**	**++**	**+**	**-**	**--**	**Anmerkungen**	**Üben und wiederholen**
3	i oder ie in der ersten Silbe						
4	Wörter mit stummem h						
5	Ableiten: äu oder eu?						
6	Wörter mit ch						
7	Wörter mit z oder tz						
8	Großschreibung						

Weitere Anmerkungen: